KB114984

CHICKEN
너는 내일부터 치킨집 사장이다

CHICKEN

너는 내일부터 치킨집 사장이다

편석준 | 이상협 | 강순천
정서현 | 이재경 | 타키갤러리 지음

위너스북
WINNER'S BOOK

목차

1장 치킨본색
치킨은 치킨이다

2장 부록사랑
부록이란 꼬리에 흔들리는 치킨

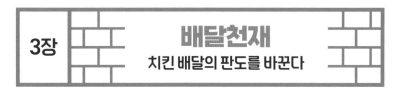

3장 배달천재
치킨 배달의 판도를 바꾼다

4장 매장개벽
기존 치킨 매장의 개념을 완전히 바꿔라

5장 아촌공략
우리 동네를 공략하는 전술 개발

6장 시대추적
시대의 변화를 읽는 치킨이 되자

7장 고객유혹
고객을 끊임없이 유혹하라

8장 너는 내일부터
치킨 프랜차이즈 CEO

들어가며

대기업에 다니던 6명의 직장인들은 왜 치킨집 창업 아이디어를 내기 시작했을까?

한국 학생들의 진로

2014년, 『공부란 무엇인가?』에서 이원석 작가는 '한국 학생들의 진로'는 모두 치킨집으로 귀결된다고 했다. 당시 이 책은 인문 서적 TOP 20에 뽑혔고 이 도표는 많은 방송이나 커뮤니티에서 회자되었다. 다소 황당할 수는 있지만 이런 도표가 많은 사람의 공감을 얻었다는 것은 그 당시의 '웃픈 현실'을 잘 반영한 사례였기 때문이라고 생각한다.

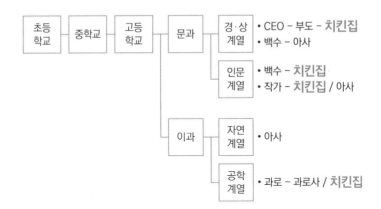

한국 학생들의 진로

출처: 『공부란 무엇인가?』 이원석, 책담, 2014

 8년이 지난 지금은 다를까? 교육부에 따르면 2020년 취업률은 65%로 최근 10년간 '최저'이며 여전히 청년들의 취직은 힘들다. 또한 치킨집을 신규 창업한 사람의 절반이 2030이다. 청년들이 치킨집을 하는 이유를 두고 청년들의 창업 의지 확대라고 해석할 수 있지만 가장 큰 이유는 어려운 취직난 때문이다.

🐣 직장생활을 하는 우리는 어떨까?

 필자들 또한 10년 이상씩 LG, 현대 등 대기업을 다니고 있지만, 미래가 불투명하기는 똑같다. 직장인들의 경쟁은 점점 더 치열해지고, 코로나 이후 이직률도 늘어나고 있다고 한다. 현재의 회사에서 살아남기 위해, 좀더 안정적인 직장 생활을 위해, 더욱 나은 조건에서 일을 하기 위해 각자의 방식대로 고군분투하고 있지만, 우리의 미래도 별반 다르지 않다. 초라한 근로 소득은 대부분의 직장인이 주식, 부동산, 코인 투자 등으로 몰리는 이유다. 개인의 경쟁력이 점차 중요해져서 역량 개발을 해야 한다고 하지만 시간은 없고, 주변에서 창업이나 스타트업 이직 소식을 들어도 딴 세상 이야기 같다. 하루하루 버티기도 만만치 않은 것이다.

 ## 글쓰기를 쉽게 생각했다

필자 중 한 명이 '치킨집 아이디어를 내보자'라고 처음 말했을 때만 해도, 소재만 보고 쉽게 생각했었다. 하지만 지난한 글쓰기가 6개월을 넘어가면서 멤버들은 지쳐갔고 이탈과 휴식을 반복했다. 업무를 병행하면서 매주 글을 쓴다는 것은 여간 어려운 게 아니었다. 무엇보다도 자발적으로 시작한 글쓰기는 '나는 왜 글을 쓰는가?'에 대해 스스로 답을 찾지 못하면 지속하기 어려웠다. 많은 우여곡절 속에, 우리는 기획서를 쓰고 우리의 취지를 잘 이해해준 출판사 '위너스북'을 만나게 되었다. 또한 디자이너(필자 중 한 명의 친동생을 꾀었다)까지 섭외해서 공동 필자는 최종 6명이 되었다.

해답은 없고 고민은 있다

우리라고 해답이 있을까? 당연히 없다. 우리 중 일부는 대기업을 꾸역꾸역 계속 다닐 것이고 일부는 투자에 성공하거나 파이어족이 되어 일찍 회사를 나갈 것이다. 그보다 더 일부는 치킨집이나 자영업에 뛰어들 수도 있다. 이 버티는 삶의 여정 속에서 우리가 매주 나눴던 고민을 공유하고 싶었다. 웃픈 현실 속, 어쩌다 보니 진지충이 된 우리들의 고민을 말이다. 고민의 결과는 40여 개의 치킨집 창업 아이디어로 정리되었다. 재미나지만 유용한 아이디어를 내고 싶었다. 근거 없는 안일한 아이디어는 내고 싶지 않았다. 너무 진지충은 재수도 없고 재미도 없어서 직접 그림도 그려 넣었다. 버티는 삶을 사는 직장인들이 피식 웃으면서 읽는 책이었으면 좋겠다. 버티면서 피식 웃다 보면 또 어딘가에 가 있겠지.

저자 일동

CHICKEN

1장

치킨
본색

치킨은 치킨이다

내가 먹을 치킨의
조리 과정을 볼 수 있다면

코로나로 인해 외식 횟수는 줄고 가정 내 식사 횟수는 늘면서 배달 음식을 많이 이용하게 되었다. 그로 인해 사람들은 배달 음식의 맛뿐만 아니라 위생이나 안전 등 신뢰에 대한 부분도 중요하게 고려하기 시작했다. 2021년 글로벌 시장조사 기업 '칸타'에서 진행한 「칸타 코비드19 바로미터」 조사 결과에 따르면, 코로나 이전 대비 '더 많이 하고 있는 행동' 중 '전반적인 위생 강화'가 39%의 응답률을 보인 것으로 볼 때 생활 전반에서 위생의 중요성에 대한 관심이 증가했음을 알 수 있다.

미국의 권위 있는 IT 컨설팅 회사인 '가트너'는 2018년 6월 리서치를 통해 '충성도를 높이는 8가지 경험 혁신(8 Kinds of Experience Innovations That Build Loyalty, 2018. 6.)' 중 하나로 '순간적인 불확실성

코로나19 이전 대비 '더 많이 하고 있는' 행동

(2021년 4월, 단위: %)

글로벌(21개국) ■ 한국

	온라인 쇼핑	전반적인 위생 강화	온라인 미디어 사용	건강한 음식 섭취	집에서 운동	가족 구성원들과 시간 보내기	SNS 앱 사용	자기 계발에 집중	독서	재택 근무
글로벌	27	26	21	22	20	24	21	14	14	19
한국	43	39	29	28	24	22	15	12	11	8

출처 : 칸타, 「코비드19 바로미터 2021」

을 줄여라'라고 했다. 이는 고객들이 궁금할 수 있는 불확실한 정보를 확실하게 보여줌으로써 신뢰를 쌓아가라는 뜻이다. 만약 음식을 주문한 이후 시작되는 조리부터 배달까지의 전 과정을 투명하고 확실하게 공개한다면 단기적으로는 사람들이 배달 음식을 안심하고 먹을 수 있게 되고 장기적으로는 주문하는 매장에 대한 충성도까지 기대할 수 있지 않을까?

이미 정보 공개에 대한 사례는 이전부터 있었다. 식당에서 원산지 정보를 공개하도록 하거나 식품의 성분을 구체적으로 표기하는 것이 해당된다. 배달앱을 이용할 때 내가 주문하는 음식점의 평판이나 맛, 가격의 적당함 정도도 공개된 고객들의 평가로 알 수 있다. 요즘은 음식이 언제 도착하는지는 물론이고 접수, 주문, 픽업, 배달, 배달완료 중 어느 단계에 있는지, 배달 음식의 실시간 이동 정보까

내가 먹을 치킨의 조리 과정을 볼 수 있다면

지 알 수 있다.

심지어 라이더들이 뭘 타고 오는지(자동차/오토바이/킥보드)와 매장에서 바로 오는지, 어디 들렀다 오는지까지 알 수 있다. 그래서 배달 시간이 예정보다 지연되었을 경우 배송 경로를 보고 내가 주문한 음식이 어디쯤에 와 있는지를 실시간으로 확인하기도 한다. 배달 플랫폼 회사들은 이런 정보를 투명하게 공개함으로써 빠르고 안전하게 음식을 배달하고 있다는 신뢰를 주고자 한다. 이보다 더 불확실성을 줄여주고 신뢰감을 높이는 방법은 무엇일까? 바로 내가 주문한 음식이 제대로 조리되고 있는지 보여주는 것이다. 60계치킨과 동원이 CCTV로 조리 환경과 조리 과정을 실시간으로 공개하거나 기름 재사용 매장 신고 캠페인을 하는 것도 소비자들에게 신뢰감을 주기 위한 시도이다.

🐣 내가 먹을 치킨의 조리 상황을 더 상세히 알려준다!

앞서 말했듯 현재는 앱을 통해 주문 수락 이후 메뉴 준비 중, 배달 중, 배달 완료까지 알 수 있다. 주문을 하고 수락 여부가 결정되면 현재는 '메뉴 준비 중'이라고만 뜨기 때문에 어떻게 조리되고 있는지는 전혀 알 길이 없다. 치킨이 조리되는 과정을 정리해 보면 다음과 같다.

주문이 수락되면 냉장고에 있는 염지된 닭에 반죽을 입힐 것이다. 반죽을 고루 입힌 다음, 기름에 일정 시간 튀기고 메뉴에 따라 양념을 입힌다. 양념 후에는 포장의 과정이다. 수저와 치킨무를 챙기고 추가로 전단지나 쿠폰을 담기도 한다. 치킨 포장이 완료되면 배달 기사에게 전달하고 배달을 시작한다. 기존에 '메뉴 준비 중'이라고 되어 있는 단계를 이처럼 더 상세하게 쪼개서 보여 준다면 주문한 고객은 내가 시킨 치킨의 조리 과정에 대한 신뢰도가 더 올라갈 것이다. 하지만 이것으로 충분할까? 고객이 더 궁금해할 만한 정보는 없을까? 조리 과정만 텍스트로 보여 주면 고객의 불확실성은 충분히 제거될 수 있을까?

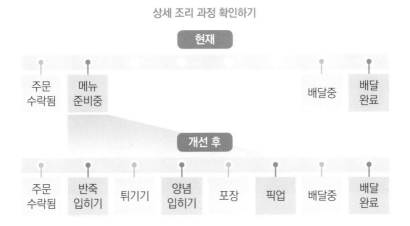

상세 조리 과정 확인하기

내가 먹을 치킨의 조리 과정을 볼 수 있다면

조리 상황을 실시간 스트리밍으로

고객의 불확실성을 완전히 제거하기 위해서는 조리 환경까지 보여 줄 수 있어야 한다. 부엌의 위생 상태나 기름 상태, 요리사가 위생 수칙을 준수하며 요리를 하고 있는지 등 조리 환경뿐만 아니라 상세한 상황까지 보여 주는 것이다. 큰 인기를 끌었던 60계치킨의 주 홍보 문구는 "매일 18리터의 기름에 60마리의 치킨만 조리해서 판매"이다. 그만큼 깨끗한 기름을 쓴다는 의미이다. 가맹점 계약시 18리터 기름통 하나당 60마리를 초과해서 튀기지 못한다는 조항이 있고, 이를 위해 본사가 각 매장에 CCTV를 설치해서 실시간으로 모니터링까지 한다. 심지어 고객들도 조리 상황을 볼 수 있다. 60계치킨이 5년 만에 치킨 프랜차이즈 부문 소셜임팩트 평판 3위(2020 한경-입소스-피앰아이 기업 소셜임팩트 조사(CSIS))에 랭크된 것을 보면

60계치킨 CCTV를 통한 모니터링

출처: 60계치킨 앱 화면 캡처

실시간 조리 과정을 앱으로 본다면

출처: 60계치킨 앱 화면 캡처

위생에 대한 신뢰도가 판매에 영향을 준다는 반증일 수 있다.

이처럼 내가 주문한 치킨의 조리 단계와 상황까지 실시간으로 볼 수 있다면 어떨까? 주문 후 기다리면서 굳이 '왜 이렇게 안 오지?' 고민할 필요 없이 언제든지 앱을 켜면 현재 어떤 단계인지 알 수 있다. 심지어 부엌은 얼마나 깨끗한지, 염지에 어떤 재료들이 들어가고 튀김옷은 어떻게 입히는지, 튀기는 시간은 적절한지, 기름은 얼마나 깨끗한지, 양념은 골고루 묻히는지, 조리 시간이 적절한지, 조리 이후에 배달이 바로 되는지 등 실시간으로 모든 상황을 볼 수 있기 때문에 보다 더 안심하고 치킨을 주문해서 먹을 수 있을 것이다.

내가 먹을 치킨의 조리 과정을 볼 수 있다면

🐣 청결/안전 항목 점검표 제공

실시간으로 보여주는 것 외에도 위생과 안전에 대한 신뢰도를 높일 수 있는 방법이 있다. 예를 들어 식품의약품안전처에서 인정하는 위생 등급이나 세스코에서 인증받은 결과를 앱에서 공개하는 것이다.

식품의약품안전처 위생등급제

출처: 식품의약품안전처 홈페이지

화이트세스코 표시

출처: 세스코 블로그

다음은 세스코에서 실제 활용 중인 지표들을 참고 하여 재구성한 항목이다. 이런 식으로 청결 및 안전에 대한 항목을 주기적으로 체크해서 실시간 영상과 함께 상태를 알려준다면 고객의 신뢰를 확보하는 데 도움이 될 것이다.

청결·안전 점검표 예시

구분	항목	
부엌 환경	가스검침	☑
	냉장고 청소	☐
	설거지	☐
	깨진 바닥 타일	☐
	스토브	☐
	창고	☐
	먼지	☐
식재료	유통기한	☐
	원산지	☐
	농약	☐
	식재료 관리 및 방치	☐
	오래된 기름	☐
	식재료 뚜껑	☐
조리 도구	칼과 도마의 세균	☐
	커피머신	☐
	가스렌지	☐
	후드	☐
	용도별 칼 사용	☐
	냉장고 손잡이	☐
	튀김기	☐
직원 위생	위생모	☐
	위생복	☐
	손 청결	☐

내가 먹을 치킨의 조리 과정을 볼 수 있다면

몇 번째 튀기는 치킨인지 알기 위해서는

실시간으로 상황을 보여 주려면 우선적으로 매장 곳곳에 인식할 수 있는 AI 카메라를 설치해야 한다. 몇 번째 튀기는 치킨인지를 알려면 숫자를 카운팅해서 알려 주는 특수 제작된 튀김기가 필요하다. 그리고 그 정보를 저장했다가 보여주는 대쉬보드와 앱도 함께 개발되어야 한다. 그래서 개인 매장에서는 하기 힘들고 위생을 중요하게 생각하는 프랜차이즈의 대규모 투자가 필요하다.

실시간 상황과 각 단계를 보여 주기 힘들다면 가장 중요한 정보인 몇 번째 튀기는 치킨인지만 알려줘도 된다. 이 정보만 알고 있어도 고객들은 내가 먹는 치킨이 얼마나 깨끗한 상태에서 조리되었는지를 분명히 알고 안심하고 먹을 수가 있다. 몇 번째 튀긴 치킨인지 고객들에게 알리기 위해서는 튀김기만 특수 제작하면 된다. 특수 제작한 튀김기는 새로운 기름과 이미 사용한 기름을 구분하고 몇 번 튀겼는지를 인식할 수 있는 센서가 있으면 된다. 이 특수 제작 튀김기에서 업로드되는 정보를 실시간으로 고객에게 잘 전달하면 고객은 더 안심하고 치킨을 즐길 수 있을 것이다.

내가 튀긴 치킨 스토리

배가 고파 저녁에 배달 음식을 시켜 먹기로 결심한다. 치킨을 시킨다. 이제 배달까지 기다리는 시간이 시작된다. 배달 앱에서 도착 예정 시간을 보면 평균 배송 시간은 1시간~1시간 30분이다. 1시간 동안 배고픔을 참으며 기다리는 것은 쉽지 않다. 누구나 한 번쯤 배달 예상 시간은 점점 가까워지는데 치킨이 오지 않아 치킨집에 '치킨 언제 도착하나요?'라고 문의한 적이 있을 것이다.

내가 먹을 실제 치킨이 튀겨지는 영상을 보내 주면 소비자들이 좀더 재미있게 기다릴 수 있지 않을까? 예전에 '배달의 민족'의 치킨 광고가 화제가 되었던 적이 있다. 15초짜리 이 광고 영상에는 연예인이나 모델이 나오지 않는다. 오로지 튀김기에서 건져지는 치킨이 15초 동안 보여질 뿐이다.

튀김기에서 갓 꺼내진 치킨이 지글지글하는 모습은 보기만 해도 군침이 돌 정도로 입맛을 다시게 한다. 이 광고를 본 많은 사람이 '당장 치킨이 땡긴다'라고 반응할 정도였다. 광고에 나온 바로 저 치킨을 먹고 싶어 한 것이다. 이 광고 영상에 착안해서 아이디어를 제안한다. 실제로 주문이 들어온 치킨이 튀겨지는 동영상을 찍어 소비자에게 전달하는 것이다.

소비자는 마냥 1시간을 기다리는 것이 아닌, 내가 주문한 치킨이 지금 튀김기에 들어갔고, 곧이어 튀김기에서 나왔다는 사실까지 실시간으로 알 수 있다. 이를 통해 곧 배달이 오겠구나하고 치킨이 배달되는 시간을 조금 더 정확하게 예측할 수 있다. '조리가 시작되었습니다.' '배달이 시작되었습니다.' 등의 스마트폰 알림 문자가 아닌 동영상을 통해서 말이다. 내가 먹을 치킨이 실제로 튀김기에 들어가는 영상을 직접 볼 수 있기에 지루함은 재미로 바뀌고, 과정이 그대로 공개되어 고객의 신뢰도도 높일 수 있다.

🐣 사장님도 편하게 제공하는 서비스

아무리 고객에게 재미와 신뢰를 줄 수 있는 서비스라고 하더라도 치킨집 사장님의 일이 더 늘어나면 안 된다. 우리가 평소에 지인들에게 동영상을 전달하기 위해서는 많은 단계가 필요하다. 스마트폰 카메라 앱을 실행하고, 동영상을 촬영한다. 그렇게 촬영한 동영상을 다양한 플랫폼을 통해 지인에게 전송한다. 이러한 번거로운 과정을 매번 치킨을 튀길 때마다 진행할 수는 없다. 조금 더 쉬운 방법으로, 하지만 퀄리티있게 동영상이 전송되어야 한다.

간단하게 구동되는 앱을 제작하여 손쉽게 동영상을 촬영하고 전송할 수 있도록 하면 이러한 문제를 해결할 수 있다.

사장님 앱 사용 시나리오

1 고객의 전화번호 혹은 전달할 수 있는 계정(카카오톡 등)을 연동시킨다.
2 선택 버튼을 눌러 들어가면 자동으로 초고속카메라 설정이 세팅되어 있다.
3 촬영 버튼을 누르면 3초 뒤에 촬영이 시작된다.
4 촬영은 3초간 진행된다.
5 3초 동안 튀김기에서 나오는 영상을 담아낸다.
6 3초 영상은 슬로우모션 기능으로 인해 30초의 영상 파일로 저장된다.
7 전송 버튼을 눌러 고객에게 바로 전송한다.
8 영상과 같이 전송할 문구는 자동으로 설정되어 보내진다.

앱의 구동 방식은 앞서 보여준 바와 같이 진행된다. 치킨집 사장님은 선택, 촬영, 전송 버튼 3번만 누르면 고객에게 손쉽게 영상을 전달할 수 있다. 고객의 연락처는 POS기에서 연동이 가능하다. POS기는 주문을 받고 고객이 주문한 메뉴나 요청사항 등을 다 저장할 수 있으며 프린트 연동으로 영수증이나 주문지도 출력이 가능하다. POS기 속 DB를 연동하여 스마트폰 앱에 전달한다. 혹은 배달 업주 전용 앱을 이용하여 고객의 정보를 건네 받는다. 이후 사전에 설정해둔 (슬로우모션, 3초 촬영) 카메라가 실행된다. 그리고 촬영이 완료되면 역시 미리 설정해둔 문구가 자동으로 입력된다.

앱은 설정 화면까지 포함하면 5장이 넘지 않을 정도로 간단하다. 하지만 직접 앱을 제작하는 것은 쉬운 일이 아니기에 전문가에게 맡기는 것이 좋다. 위와 같이 요구 사항을 적은 기획서를 작성하여 '크몽'이나 '숨고'와 같은 외주제작 플랫폼에 의뢰하면 5페이지짜리 앱은 약 30만 원 내외로 만들 수 있다. 물론 요구하는 기능이 복잡해질수록 개발비가 높아지니, 꼭 필요한 기능이 무엇인지를 먼저 정의하는 것이 중요하다.

🐣 동영상을 활용한 SNS 마케팅

앱을 만들어서 실제 고객들에게 치킨 동영상을 제공할 수 있게 되었다면, 단순히 즐거움을 제공하는 것을 넘어 치킨집 홍보에도 활용할 수 있다. 2022년 8월 기준 인스타그램에 한글로 치킨을 검색하면 445만 개 이상의 게시글이 나온다. 그중 이미 접시에 담겨서 나온 사진이 대부분이다. 슬로우모션으로 촬영한 튀김기에서 지글지글하게 건져지는 치킨 동영상은 일반 소비자가 올리기 어렵다. 치킨집을 운영하지 않는 이상 찍을 수 없는 장면이기 때문이다. 우리가 앱을 통해 제공한 동영상을 #치킨 #내가진짜먹은치킨 #갓나온치킨 등의 태그를 붙여서 고객이 SNS에 업로드하면 치킨집 홍보는 덤이다.

결론적으로 소비자는 기다리는 동안 재미와 신뢰를 느끼고 SNS에 올릴 수 있는 색다른 콘텐츠를 얻게 된다. 거기에 SNS 업로드 이벤트를 통해 사이드 메뉴 추가 등의 쿠폰까지 얻을 수 있다면 고객에게는 금상첨화일 것이다. 치킨집 사장님 또한 적은 비용과 노력으로 고객 만족도를 높일 수 있다.

프리미엄 오일 치킨

신발도 튀기면 맛있다는 말을 들어본 적 있는가? 그 어떤 재료도 기름에 튀겨지면 바삭함과 고소함이 더해져 그 재료 본연의 맛을 압도할 만큼 맛있어진다는 우스갯소리이다. 이 말은 그 자체로 맛있는 재료도 튀기면 최상의 맛을 낸다는 의미가 되고, 닭 또한 예외가 아니다. 그렇기에 닭을 주재료로 하는 수많은 요리 중 가장 사랑받는 것이 치킨일지도 모른다.

 기름 한 통당 몇 마리를 튀기는 게 적당할까

한 마리를 튀기기 위해선 튀김기 가득 기름이 차 있어야 하는데, 그에 필요한 기름의 양은 18리터이다. 튀김기 한 대에서 한 마리를 튀기든, 몇십 마리를 튀기든 필요한 기름의 양은 동일한 것이다. 모 브랜드 치킨은 18리터로 60마리만 튀긴다고 홍보하여 깨끗한 기름을 사용한다는 이미지로 인기를 얻었다. 하지만 이전에도 거의 모든 치킨집에서 18리터 기름 한 통당 40~60마리를 튀기고 있었다고 한다.

 ### 치킨 한 마리에 들어가는 기름값은 얼마나 될까?

가장 저렴하여 일반적으로 많이 쓰이는 대두유의 가격이 가파르게 오르고 있다.* 2021년 12월 기준 대두유 18리터 한 통의 소매가는 5~6만 원 정도였다. 18리터로 60마리를 튀긴다고 하면 평균적으로 치킨 한 마리에 들어가는 기름 가격은 900원대가 된다. 이보다

자영업 치킨집 원재료 가격 추정

부위	가격(마리당)
닭(염지)	4,000~4,500원
파우더	300~400원
기름	900~1,300원
치킨무, 콜라, 양념	1,200~1,500원
포장	500원
총합	6,900~8,200원

....

* 《식품음료신문》, 〈대두 등 식용유 가격 내년에도 높은 수준 예상〉, 2021. 11. 24.

프리미엄 오일 치킨

비싼 정제 올리브유나, 카놀라유, 해바라기씨유를 사용하면 1,300원을 훌쩍 넘긴다. 인건비와 임대료 등 고정비를 제외한 순수 재료비로 원가를 책정했을 때 원가의 13~16% 정도가 기름값인 셈이다.

깨끗한 기름에 열광하는 소비자들

원재료비를 닭, 양념 정도로 생각했던 소비자에게 기름값의 비중은 꽤 높게 느껴진다. 그럼 같은 값의 치킨이라면 닭도 닭이지만 기왕이면 기름도 좋아야 할 것 같다. 언젠가 소비자 고발 프로그램에서 봤던 새까만 폐유의 강렬한 인상이 떠오를 것이다. 그 폐유를 구입해 재사용하는 업체가 있더라는 괴담은 기름에 대한 소비자의 불신을 증폭시켰다. 앞서 언급한 것처럼 60마리만 튀기는 치킨집이 인기를 얻은 것은 이런 소비자의 불신과 걱정을 정확하게 간파하여 브랜드의 차별성을 강조했기 때문이다.

사실 40마리 정도 튀기고 나면 닭에서 나온 기름과 떨어져 나온 튀김옷의 산화가 축적되면서 기름은 눈에 띄게 거메진다. 오히려 60마리는 너무 많은 정도다. 하지만 이 사실을 모르는 소비자들은 60마리까지는 깨끗하다고 생각하게 된다. 그렇다고 1번부터 60번까지의 치킨이 동일한 수준으로 깨끗할 것이라고 느껴지는 건 아니다. 치킨의 튀김옷이 평상시보다 조금 더 검게 느껴지는 날에는 내가 혹시 오래된 기름으로 튀긴 치킨을 받은 건 아닐까 찝찝하고, 내 치킨이 몇 번째 치킨이었을까 먹는 내내 궁금하다. 그런 소비자의 궁금증 해소를 위해, 또는 신뢰성 확보를 위해 몇 번째 치킨인지 알려주는 업체도 있다. ○○ 치킨은 주문한 치킨이 몇 번째 치킨인지 넘버링을 해서 알려주는 치킨실번제를 운영한다. 마지막 58번째 치킨 주문 고객에게는 다음 주문 시 사용 가능한 치킨 교환권도 증정한다. 그럼 받는 사람은 만족스러울까? 57번째 고객은 57번째 넘버링을 봤을 때 어떤 생각이 들까? '아… 조금만 늦게 주문했으면 치킨 교환권 또는 새 기름인데…'라는 생각이 들지 않을까?

순번에 따른 가격차별화

새 기름에 첫 번째로 입수한 치킨과 시커먼 기름에서 건진 60번째 치킨을 같은 가격에 파는 건 불합리해 보인다. 그렇다면 순번에 따라 가격을 달리 책정하는 것은 어떨까?

앞에서 다룬 원재료 가격표를 다시 들여다보자. 54,000원짜리 대두유 18리터에 60마리를 튀기면 마리당 900원의 기름값이 책정된다. 구간별로 가격을 달리 책정하되 평균 900원을 맞추면 가격 차별화가 가능할 것이다.

구간을 10개씩 나누면 더 상세한 차별화가 가능하겠지만, 소비자 입장에서 너무 여러 구간으로 나뉘어 있으면 오히려 '기름에 따라 가격을 달리 책정할 정도로 건강 또는 맛에 미치는 영향이 지대

프리미엄 오일 치킨

한가 보다'라고 생각할 수 있고, 선택이 더 어려워지거나 오히려 구간 변동에 따른 차이를 느끼지 못한 채 혼선만 줄 수도 있다. 몇 번째 치킨이 가장 맛있는지는 알 수 없지만, 오래 튀긴 기름일수록 몸에 해로울 거라는 합리적 의심 하에 상위 10마리, 중위 40마리, 하위 10마리로 구간을 나누었다.

순번	기름값	판매가
1 ~ 10번	1,900원	16,000원
11 ~ 50번	900원	15,000원
51 ~ 60번	-100원	14,000원

주문자의 66%는 너무 하위의 기름만 아니면 가격도, 상태도 중간인 기름을 선택할 보통의 소비자로 가정했다. 주문자의 상위 17%는 가격을 조금 더 지불하더라도 깨끗한 기름을 선택할 소비자로 했다. 나머지 하위 17%는 기름의 수준은 크게 상관없고 오히려 할인을 해준다면 만족할, 가격에 더 민감한 소비자로 가정했다. 기본적으로 하위 구간의 기름값을 상위 구간으로 전가한 구조인데, 구간별 가격차이는 1,000원으로 이를 판매가에 그대로 반영한다. 즉, 상위 구간은 기본 치킨값보다 1,000원을 더 지불하고, 하위 구간은 1,000원 할인받는다.

문제는 자칫하다간 상위 10마리를 제외한 나머지 50마리는 깨끗하지 못하다는 인식을 줄 수 있다는 점이다. 특히나 마지막 하위 구간은 불량한 음식으로 취급될 수 있다. 기름 한 통당 60마리만 튀기는 깨끗한 기름이라고 정의해 놓고 순번에 따라 할인을 해준다면 튀긴 순번에 따라 맛이 떨어진다고 말하는 자가당착에 빠질 수 있는 것이다. 기본적으로 닭은 모두 깨끗한 기름에서 튀겨지고, 모든 치킨의 맛은 동일하다는 신뢰를 주어야 한다. 그럼에도 불구하고 일부 민감한 소비자를 고려하여 프리미엄 치킨을 판매하는 것으로 콘셉트를 잡는 게 더 안전할 것 같다. 10번째까지 기름으로 튀긴 치킨을 이하 '프리미엄 오일 치킨'으로 명명한다.

프리미엄 오일 치킨을 튀기는 방법

운영은 어떻게 할 것인가? 오늘 저녁 장사를 시작하면서 새 기름을 떴다. 그럼 10번째 주문 고객까지는 무조건 비싸게 받을 것인가? 새 기름을 원하는 소비자 10명이 주문할 때까지 다른 주문을 받지 못하는 것인가? 그건 아니다. 새 기름 프리미엄은, 10번째까지의 기름임을 보장하는 것이지 무조건 10번째 주문까지 비싸게 받겠다는 것이 아니다.

20평대 치킨집 운영에 일반적으로 2개의 튀김기가 들어가는데, 프리미엄 오일 치킨을 위해서는 불가피하게 튀김기 1개가 더 필요하다. 프리미엄 오일 치킨이 보통 치킨의 판매량에 못 미치기 때문에 기존 2개로 영업을 할 경우, 한 튀김기는 프리미엄 오일 치킨 전용으로 사용하면서 놀리는 시간이 생기고, 다른 튀김기에서는 주문이 밀리게 된다. 따라서 90만 원짜리 튀김기 1대가 더 투입이 되어야 기존 판매량을 맞출 수 있다.

60마리 중 10마리를 프리미엄 오일 치킨으로 판매한다면, 튀김기 1개에서 프리미엄 오일 치킨 10마리를 소화할 동안, 다른 튀김기 2대에서는 각각 25마리를 튀기게 된다. 이렇게 1 cycle동안 60마리가 튀겨진다.

기름을 교체할 때를 노란색으로 표시했다

	누적 튀김 개수			교체로 따른 기회 손실
	튀김기1	튀김기2	튀김기3	
1 cycle	10	25	25	
		교체		35(=60-25)
2 cycle	35	10	50	
			교체	10(=60-50)
3 cycle	60	35	10	
	교체			0
4 cycle	10	60	35	
		교체		0
5 cycle	35	10	60	
			교체	0
6 cycle	60	35	10	

1 cycle이 끝나고 프리미엄 오일 치킨의 주문이 또 들어온다. 그러면 기존에 프리미엄 오일 치킨을 담당하던 튀김기 1은 더이상 프리미엄 튀김이 불가능하기에 일반 치킨용으로 전환된다. 튀김기 2는 25개를 튀긴 상태라 아직 치킨을 더 튀길 수 있는 여력이 있지만 기름을 갈아준다. 이때 더 튀길 수 있었던 기회 손실이 35개가 발생한다. 튀김기 1과 3은 추가로 25개를 더 튀긴다. 2 cycle이 끝나면 튀김기 1은 누적 튀김 개수 35, 튀김기 2는 10, 튀김기 3은 50이 된다. 이제 튀김기 3은 기회 손실 10개를 발생시키며 기름을 갈아준다. 그리고 프리미엄 치킨을 담당한다. 3 cycle에서 튀김기 1은 누적 60개, 튀김기 2는 35개, 튀김기 3은 10개가 되고, 이때 튀김기 1의 기름을 교체한다. 3 cycle 이후부터는 더이상 손실이 발생하지 않는다.

즉, 매일 기름을 교체한다는 조건이 없고 영원히 이 과정이 반복된다고 가정하면 손실이 발생하는 건 처음 초반뿐이다. 프리미엄 오일 치킨을 도입하면서 추가로 들어간 비용은 기회 손실 45회 (35+10)에 평균 원가 900원을 곱한 40,500원, 고정비로 들어간 튀김기 설치비 90만 원 정도가 된다.

계산된 총 손실 940,500원을 커버하기 위해 프리미엄 오일 치킨 가격을 1,500원 더 높게 책정하고자 한다. 2,000원이 넘어가면 부담스럽고, 치킨 가격의 10%면 충분히 지불할 용의가 있다고 보았다. 투자 비용도 그렇게 부담스럽지 않은 정도이고, 깨끗한 기름에 대한 니즈가 있는 고객을 끌어들여 판매가 증가한다면 고정비 회수에 이르는 시간을 더 빨리 단축할 수도 있을 것이다. 신규 고객 유입에 따른 매출 증분은 덤이다.

넌 진짜 닭 다리,
난 페이크 닭 다리

　머릿속에 치킨집의 메뉴판을 떠올려보자. 일반적으로는 한 마리로 구성된 다양한 메뉴들이 떠오를 것이다. 이외에 다른 세트는 무엇이 있을까? 닭 다리 세트, 닭 날개 세트 혹은 이 둘이 합쳐진 닭 다리+닭 날개 세트를 떠올릴 수 있을 것이다. 하지만 여기서 닭가슴살(일명 퍽퍽 살) 세트를 떠올린 사람이 있는가? 국내 치킨 브랜드 TOP3(교촌치킨, BHC, BBQ)의 메뉴를 살펴보면 2021년 3월 기준 특별부위 메뉴에서 닭 다리, 닭 날개를 이용한 세트만 판매되고 있다.

 나 닭 다리 먹어도 돼? 닭 다리만 선호하는 세상

　'강정이기가막혀' 브랜드에서 실시한 설문조사에 따르면 40%에

달하는 사람이 닭 다리를 선호한다고 대답했다. 닭 날개가 2위를 차지했지만 역시나 부동의 1위는 닭 다리였다. 이렇게 특정 부위를 좋아하는 사람이 있다 보니 한 마리에 2개밖에 나오지 않는 닭 다리를 먹기 위해 눈치를 보며 '내가 닭 다리 먹어도 돼?' 하는 질문을 한 번쯤 해보거나 들어봤을 것이다. 그래서 치킨을 먹을 때 마음껏 닭 다리를 먹고 싶은 사람들을 위해 2006년 교촌치킨이 날개, 다리 등 특정 부위만 사용하는 부분육 전용 메뉴를 업계 최초로 출시했다. 그 결과 큰 폭의 매출 성장이 이루어졌고, 업계 1위에 오르는 발판이 되었다. 실제로 교촌치킨의 부분육 메뉴의 매출 비중은 전체의 60%가 넘는다고 한다.

최근 들어서 부분육 메뉴의 인기가 더욱더 급증하는 추세다. 주요 소비 계층으로 올라온 밀레니얼 세대들이 치킨 메뉴 중 닭 다리, 닭 날개 등 부분육을 선호하기 때문이다. 특정 인기 부위를 두고 불필요한 눈치 싸움을 할 필요가 없다는 점이 그들의 이목을 끌었을 것이다.[*]

이로 인해 BBQ 또한 2021년 신제품으로 부분육 제품을 선보이는 등 밀레니얼 세대의 입맛을 사로잡기 위해 다양한 시도를 하고 있다. 부분육 시리즈로 출시한 '콤보' '윙스타'가 매출을 견인해 사상 최대 매출을 기대하고 있다고 한다.

....

* 《머니S》, 〈보드람 치킨, 통다리·통날개 등 MZ세대 부분육 인기업…〉, 2022. 03. 04.

치킨은 닭 다리만 있는 것이 아니다

하지만 빛이 있다면 어둠이 있는 것처럼, 이러한 특정 부위 선호 이면에 비선호 부위에 대한 재고 문제가 자리 잡고 있다. 실제로 교촌치킨을 운영하고 있는 교촌에프앤비의 재고 자산은 2017년 24억 원에서 2020년 상반기 92억 원까지 늘었다. 이러한 재고 문제를 해결하기 위해 소시지, 스테이크, 육포 등을 개발하거나 순살 메뉴를 판매하는 등의 전략을 세워 관리하고 있다고 한다.[*]

비선호 부위를 소진하기 위한 다양한 시도 중 하나로 비선호 부위를 선호 부위로 재탄생 시키는 건 어떨까? 말 그대로 닭가슴살을 선호 부위 1위인 닭 다리로 만드는 것이다. 그렇게 되면 마법처럼 비선호 부위에 대한 재고도 해결하고 소비자들은 싼 값에 더 많은 닭 다리를 즐길 수 있을 것이다.

닭 다리에 꿀이라도 발라 놨나?

비선호 부위를 닭 다리로 만드는 마법을 부리기 전에, 우선 왜 이렇게 많은 사람이 닭 다리를 선호하는지에 대해서 생각해 보아야 한다. 닭 다리를 좋아하는 이유에는 여러 가지가 있을 것이다. 닭 다리의 야들야들한 식감 때문이기도 하겠지만 닭 다리라는 이름과 모

....

[*] 《메트로신문》, 〈"난 다리만 먹을래" 치킨업계, 부분육 메뉴 인기 급증〉, 2021. 01. 12.

양이 '치킨'을 대표하고 있다는 점도 한몫할 것이다. 치킨하면 머릿속에서 가장 먼저 떠오르는 것이 닭 다리의 형태이지 않은가. 두툼한 망치를 잡듯 끝에 있는 뼈를 잡고 살코기를 뜯는 것, 이는 '치킨을 먹는다'라는 느낌을 가져다주는 단 하나의 완벽한 모양과 행위이다.

비선호 부위로 닭 다리를 만드는 과정 중 제일 중요한 것은 비슷한 형태를 잡는 것이다. 다양한 순살 치킨이 여러 모양으로 제작되는 것처럼 (하림 '용가리치킨' 등) 닭 다리 살의 모양을 흉내내는 것은 쉽게 가능하다. 하지만 잡고 뜯는 느낌을 주기 위해서는 닭 다리 뼈의 역할을 해줄 지지대가 필수이다.

닭 한 마리에 닭 다리가 6개?!

정리하자면 닭 다리 모양의 뼈를 만들고, 뼈를 중심으로 비선호 부위의 부분육을 뭉쳐서 모양을 잡은 뒤 튀긴다. 그렇게 되면 잡는 느낌도 비슷할뿐더러 진짜 닭 다리와 구별이 되지 않는 '비선호 부위를 활용한 닭 다리'가 완성된다(이하 '페이크 닭 다리'라고 하겠다).

페이크 닭 다리의 핵심은 잡는 느낌을 위한 인공 뼈 제작에 달려있다고 해도 과언이 아니다. 어디에도 인공 뼈를 만들어서 판매하는 치킨은 없었다. 그렇다면 인공 뼈를 어떻게 만들 수 있을까?

주변에서 가짜 뼈 반려동물 장난감을 흔히 볼 수 있듯 뼈 모양을 재현하는 것은 어려운 일이 아니다. 하지만 장난감이 아닌 사람이 먹는 음식으로써 인공 뼈를 만들어야 한다면 좀 더 고민이 깊어진다. 아무리 치킨의 살 속에 숨어 있다고 하더라도 180도의 기름에서 튀겨지기 때문에 확실하게 안전성을 확보해야 비로소 소비자들에게 다가갈 수 있을 것이다.

인공 뼈 소재에 대한 핵심은 바로 온도다. 앞서 말했듯 치킨은 뜨거운 기름에서 튀겨지는 음식이다. 뜨거운 기름에 녹는다든지, 형상의 변화가 없음은 물론이고 우리 눈에 보이지 않더라도 안 좋은 물질이 배출되는 일이 없어야 한다. 즉 평균적으로 치킨이 조리되는 온도보다 높은 열에도 안전한 소재를 찾아야 한다. 보통 치킨은 170~180도에서 조리된다. 기름이 연기로 변하는 더 높은 온도의 발연점까지 버틸 수 있는 재료를 찾는다면 더 안전한 인공 뼈를 만드는 데 손색이 없을 것이다.

기름에서 연기가 나는 발연점을 보면, 옥수수유가 섭씨 270도로 가장 높은 편이며, 다음으로 해바라기유(250도), 카놀라유(250도), 올리브유(180도)로 흔히 치킨에 쓰이는 기름의 발연점은 이와 같다.

 기름의 온도에 버텨라!

이런 온도에 버틸 수 있는 소재는 무엇이 있을까? 실제 뼈는 칼슘

넌 진짜 닭 다리, 난 페이크 닭 다리

으로 이루어진 화학 물질이다. 위키백과에 따르면 의료 목적의 인공 뼈는 금속이나 세라믹 혹은 다양한 재료를 섞은 복합재를 사용한다고 한다. 이런 소재는 성능은 충분하나 수지타산이 맞지 않을 것이다. 금속의 경우에도 비용의 문제가 있다. 알리익스프레스 기준 20센치 알루미늄 숟가락이 1.5달러이다. 닭 다리 1개의 길이를 10센치로 가정했을 경우 페이크 닭 다리 1개를 만드는 데 드는 인공 뼈 재룟값은 0.75달러로 예측된다. 비용뿐만 아니라 금속은 열을 잘 흡수하기 때문에 금방 뜨거워져서 잡는다면 화상을 입을 것이다.

페이크 닭 다리에 사용되려면 음식으로써의 기능이 충족되어야 한다. 일상적인 플라스틱은 어떨까? 우리 주변에서 다양한 모양의 플라스틱을 쉽게 찾아볼 수 있다. 많은 식품이 플라스틱에 포장되거나 혹은 플라스틱과 함께 상품으로 판매된다. 이에 사용되는 플라스틱 중 열이나 충격에 강한 고밀도 폴리에틸렌(HDPE)이 있다. −40℃의 저온에서도 성능이 우수하며 90~120℃의 전자레인지에 사용해도 될 정도로 열에 대한 내성을 가지고 있어서 주로 단단한 플라스틱 용기나 페트병 뚜껑으로 쓰인다. 하지만 앞서 말했듯 내열 온도 120℃로는 치킨의 조리 온도인 180℃를 버티기 힘들다.

좀더 열에 강한 열경화성 플라스틱(thermosetting plastic)은 어떨까? 열경화성 플라스틱은 열을 가하면 녹지 않고, 타서 가루가 되거나 기체가 되는 플라스틱이다. 즉 한번 굳어지면 다시 녹지 않는 플라스틱으로 인공 뼈 제작에 적합하다.

플라스틱 수지*의 종류	분해 온도(℃)
실리콘수지	350~400
페놀수지	300~350
에폭시수지	200~250
불포화폴리에스테르수지	150~200

위 표에 있는 4가지 플라스틱은 대표적인 열경화성 플라스틱이다. 이 중 분해 온도가 발연점 이상인 실리콘수지와 페놀수지가 후보에 오를 수 있다. 하지만 페놀수지의 원료인 페놀은 대표적인 독성물질이다. 페놀수지는 제품의 충전재 등으로 많이 쓰이지만, 식품에는 부적합하다. 그렇다면 실리콘수지는 어떨까? 실리콘은 인체에 무해하며, 이미 실리콘 조리기구 등 많은 사람이 사용할 정도로 그 무해성이 잘 알려져 있다. 이 실리콘수지를 이용하여 인공 뼈를 제조한다면 소비자들이 안전하게 페이크 닭 다리를 주문할 수 있을 것이다. 다만 재룟값이 앞서 언급한 알루미늄 인공 뼈보다 더 저렴해야(개당 0.75달러) 사업적 가치가 있다. 실리콘수지를 활용한 인공

....

* 플라스틱 제품의 가공을 위한 원료

뼈 가격을 예측해 보자. 알리익스프레스 기준 21센치의 실리콘수지 스푼이 약 0.33달러(2022년 9월 26일 환율 기준)이다. 보통 닭 다리의 크기를 10센치라고 가정했을 때 개당 0.17달러가 소모된다. 이를 환산하면 약 240원이 실리콘수지 뼈의 개당 재룟값이다.

국내에는 다양한 플라스틱 사출 제조업체들이 있다. 주로 '~플라텍'이란 사명을 쓰며, 고객사가 원하는 재료와 모양으로 플라스틱 제품을 납품한다. 이러한 업체에 인공 뼈를 의뢰하면 소비자가 믿고 먹을 수 있는 제품이 나올 것이다.

인공 뼈에 대한 고민을 해결하고 그럴싸한 페이크 닭 다리를 만들었다. 그렇다면 어떻게 다가가야 고객들이 거부감 없이 재미있게 페이크 닭 다리를 즐길 수 있을까? 한 번은 호기심에 주문할 수 있겠지만 실제 닭 다리가 아니기 때문에 다음 주문이 일어나지 않을 수 있다. 그렇기 때문에 이른바 N차 주문을 기대하기 위해서는 추가 전략이 필요하다.

어릴 때 먹던 100원짜리 초콜릿을 기억하는가? 초콜릿 봉지 안에 일정 확률로 '한 개 더!'라는 문구가 나와 당첨이 된다면 초콜릿을 하나 더 받을 수 있었다. 작은 것일지라도 당첨이 되는 건 적지 않은 행복감을 가져다준다. 이러한 두근거림을 페이크 닭 다리에 그대로 차용한다. 인공 뼈에 사이드 메뉴 당첨/꽝 문구를 새겨 넣어 다 먹고 나면 무언가 당첨될지도 모른다고 느끼게 함으로써 거부감을 다른 요소로 환기시키는 것이다.

교촌치킨의 닭 다리 세트는 17,000원으로 약 9~11개의 닭 다리로 구성되어 있다. 부분육 메뉴이기 때문에 일반 교촌 오리지널보다 2,000원이 더 비싸다. 페이크 닭 다리 세트는 일반적인 한 마리 가격과 동일한 15,000원으로 제공한다. 한 마리 가격이지만 닭 다리 세트를 제공함으로써 소비자들에게 저렴하다는 인상을 주고자 한다.

그리고 이 메뉴는 실제 닭 다리 6개, 페이크 닭 다리 4~5개를 섞어서 제공한다. 실제 닭 다리와 페이크 닭다리를 반반 섞는 이유는 거부감을 차차 줄여보고자 하는 이유도 있지만 실제 구분이 되지 않게 만듦으로써 마치 복불복 게임을 하는 재미를 제공하기 위함이다. 이러한 재미를 더 알리기 위해 '페이크 닭 챌린지'를 열어볼 수

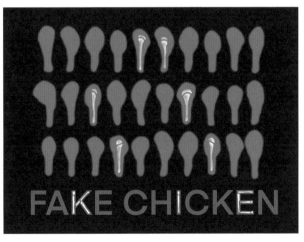

페이크 치킨을 X-Ray 검사기에 올려놓는다면 이런 느낌 아닐까?

넌 진짜 닭 다리,난 페이크 닭 다리

도 있다. 흔히 유튜브나 다양한 SNS에 '~챌린지'라는 이름으로 공통된 도전이나 행동을 하는 유행이 있다. '페이크 닭 챌린지'를 통해 각자 뽑은 닭 다리가 진짜인지 가짜인지 맞춰보는 영상을 찍어 올리도록 하면 마케팅적으로도 활용 가능하다.

　페이크 닭 다리를 통해 우리가 선호하지 않았던 부위는 닭 다리로 다시 태어날 것이다. 그들은 이제 선택받지 않는 서러운 존재들이 아니다. 당당하게 닭 다리로 우리들 곁을 찾아올 것이다. 서로 닭 다리를 먹겠다고 싸우지 않아도 된다. 그렇다고 비싼 닭 다리 세트를 주문하지 않아도 된다. 페이크 닭 다리 세트라면 저렴한 가격에 닭 다리를 양껏 즐길 수 있으며 거기에 재미와 보상은 덤으로 찾아온다. 고객은 사이드 메뉴에 당첨되어 좋고 치킨집 사장님은 이로 인한 재주문을 기대해 볼 수 있어서 좋은, 모두가 행복해지는 페이크 닭 다리를 한입 베어 물어보는 건 어떨까. 치즈볼이 당첨될지도 모른다는 기대감과 함께.

부분육계의 프랑켄슈타인

 부분육 전성시대

앞서 다룬 바처럼 대형 프랜차이즈들이 부분육으로만 구성된 메뉴를 출시했고, 이 메뉴들은 판매량 상위권에 포진되어 있다. 그야말로 '부분육 전성시대'이다. 일반 닭 한 마리로는 매출을 보장할 수 없는 시대가 온 것이다. 그러나 트렌드를 따라 인기 있는 부분육 메뉴를 적극적으로 판매하기엔 두 가지 큰 문제가 있다. 첫 번째, 높은 단가이다.

다음 표는 한국육계협회에서 제공하는 생닭의 도매가격이다. 치킨집에서 쓰는 닭은 보통 10호로, 1kg 정도다. 2022년 3~5월까지 3개월 평균가는 4,263원이다. 반면 같은 1kg의 부분육은 다리 7,740원, 날개 8,282원으로 2배 가까이 높다. 결국 천 원 높게 치킨

생닭의 도매가격

	크기	2022년 5월 31일	3개월 평균
닭고기 (냉장, 벌크, 원/kg)	5-6호	4,100	4,801
	7-8호	3,926	4,594
	9-10호	3,615	4,263
	11호	3,474	4,092
	12호	3,234	3,844
	13-16호	3,193	3,794
육계생계 (운반비포함, 원/kg)	넓적다리	5,975	7,023
	북채(다리)	6,578	7,740
	날개	7,032	8,282
	가슴	6,764	7,962
	안심	6,764	7,962
	정육	8,757	10,337

출처 : 한국육계협회

판매가를 책정해도 원가가 워낙 높다 보니 마진이 얼마 남지 않는다.

둘째, 수급의 문제다. 부분육에 사용되는 조금 더 큰 닭은 출하시기가 늦고 공급이 더디다. 지난 2021년 2월에는 전년 11월부터 이어져 온 조류독감으로 닭고기 공급 부족이 극에 달했다. 급기야 일부 프랜차이즈는 부분육 메뉴 판매를 중단하기에 이르렀다. 생닭이 부족해 가격이 오르면 도계 업계는 추가 인건비까지 투입해야 하는 부분육 공급부터 줄이기 때문이다.

부분육을 판매하면서 이 두 가지 문제점에서 자유로워질 수는 없을까?

프랑켄슈타인, 특화팩

부분육을 구매해서 단독 메뉴를 구성하기엔 원가가 부담이 된다. 일반 생닭으로 대체할 수는 없을까? 생닭 여러 개를 부위별로 조각내어 부분육 메뉴로 재구성하는 것이다. 물론 다리와 날개에 수요가 집중되어 있으니 비인기 부위가 남는 것은 자명할 것이다. 이 비인기 부위가 소진될 수 있도록 특별한 신메뉴를 구성해본다.

닭 한 마리를 분리하면 다리 2개, 날개 2개(윙/봉 포함), 넓적다리 2개, 안심 2개를 포함한 닭가슴살이라 통칭하는 부위가 나온다. 다리, 날개, 넓적다리는 부위별로 한 곳에 담고 닭가슴살 부분은 한 마리 분량을 섞이지 않게 따로따로 비닐에 넣어 놓는다. 닭가슴살은 아무래도 다른 부위에 비해 선호도가 낮아 따로 처분이 어려울 것이므로 공통 부위로 사용한다. 완전한 부분육 메뉴는 아니지만 특정 부위육이 많이 들어간 이 신메뉴를 "특화팩(다리팩/날개팩/넓적다리팩)"으로 칭하겠다. "다리팩"은 기본 닭가슴살에 다리 6개 구성, "날개팩"은 닭가슴살에 날개 6개 구성, "넓적다리팩"은 닭가슴살에 넓적다리 6개로 구성된다.

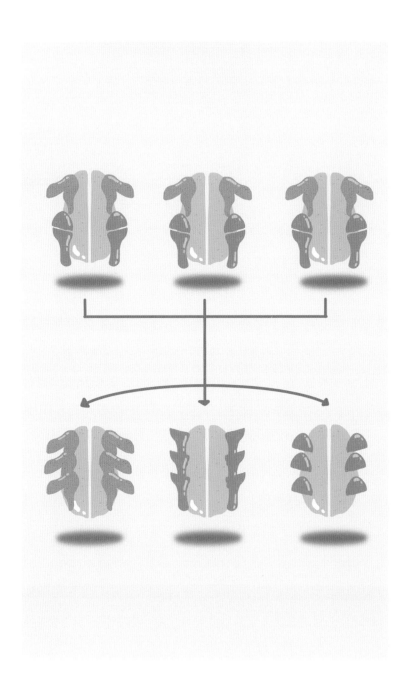

일반 한 마리 주문이 들어오면 비닐에 넣었던 가슴살 부위에, 부위육을 골고루 섞어 한 마리를 만들어 튀겨낸다. 특화팩 주문이 들어오면 가슴살 부위에, 주문 들어온 특화 부위를 6개 튀긴다. 이 메뉴는 취향이 다른 두 명이 먹기 딱 좋다. 예를 들어 본인은 날개는 좋아하는데, 비슷하게 쫄깃한 식감이라도 다리는 통 별로다. 날개만 먹자니 같이 먹는 사람이 뻑뻑한 가슴살을 좋아한다. 이렇게 서로 다른 특정 부위를 좋아하는 두 사람이 먹기에는 더없이 완벽한 메뉴이다. 하지만 한 명은 반드시 닭가슴살을 좋아해야 한다는 가정이 깔린다. 또한 특정 부위를 좋아하는 사람이라면 완전한 부분육 메뉴를 시킬 것이기 때문에 부분육 메뉴를 능가하는 메뉴가 되긴 어려워 보인다.

 스타벅스에 럭키박스가 있다면,

우리 동네 치킨집엔 특수부위 선물세트가 있다

내가 별로 좋아하지 않는 부위가 섞여있다 해도, 이를 상쇄할 만한 특별함이 있어야 한다. 바로 다른 메뉴에는 없는 특수부위를 추가하는 것이다. 인기 특수부위로 흔히 닭똥집으로 불리는 근위와 닭껍질, 닭 목살이 있다.

닭껍질과 근위는 kg당 가격이 저렴하지만, 닭목살은 제법 단가가 높다. 닭 한 마리에서 가늘게 한점 나오는 부위인 데다가 쫄깃한 식

부위	가격(1kg당)
근위(닭똥집)	3,500 ~ 4,000원
닭껍질	1,000 ~ 3,000원
닭목살	7,000 ~ 9,000원

출처 : 포털 소비자 판매가

감에 닭목살 구이 전문점이 생길 정도로 인기도 많다. 닭목살 80g, 근위와 닭껍질을 섞어 30g 정도 넣어주자. 닭 한 마리 무게의 10% 정도를 추가하는 셈이다. 원재료 값은 1,000원 정도 더 들어가지만, 부분육 메뉴보다는 단가가 여전히 낮고, 아직 프랜차이즈에서 닭목살 튀김을 취급하는 곳은 없으니 차별화될 수 있다. 닭껍질 등 특수부위 한 가지로만 19,000원어치를 구성하지 않는 것은 몇 조각만 맛보면 오히려 아쉬운 마음에 다음번 구매를 고려할 만하기 때문이다. 특수부위 추가 구성의 임팩트가 좀 약하게 느껴진다면 인기 사이드 메뉴의 개수를 조절하여 맛보기 정도로 넣어줄 수도 있다. 예를 들어 정품 6개 들이 치즈볼을 두 개 정도 넣어주는 것이다.

특화팩은 원가율은 기존 한 마리와 비슷하게 가져가되, 수요를 증대시키는 데 그 목적이 있다. 닭의 공급을 안정적으로 가져가면서도, 특정 제품 판매량에 따라 마진율이 크게 달라지지 않아 안정적인 운영이 가능하다.

크기부터 소스까지 내가 고른다!
고객 맞춤형 치킨!

써브웨이에서 샌드위치를 처음 주문할 때 이런 생각을 한 적이 있을 것이다. 샌드위치 하나 시키는데 골라야 할 게 뭐가 그리 많은지. 기본적으로 골라야 할 것만 해도 빵 종류(화이트, 위트, 허니오트 등 6종)부터 크기(15/30센치), 치즈(아메리칸, 슈레드, 모차렐라), 빵을 데울지 말지, 야채(양상추, 토마토, 오이 등 8종), 소스(랜치, 마요네즈, 허니머스터드 등 16종)까지 6가지나 된다. 햄버거 가게에서는 불고기 버거를 주문하고 기다렸다가 받으면 끝인데 말이다. 거기다가 음료와 쿠키는 옵션이며, 심지어 다이어트를 하는 사람들은 빵을 파달라고까지 할 수 있다. 인터넷에는 이런 어려움을 해소해 주기 위해 '써브웨이 샌드위치 주문 방법' 설명글이 돌고 있고 매장에도 주문 방법에 대한 안내문이 붙어 있다.

이처럼 주문을 세세하게 받는 이유는 뭘까? 단순히 메뉴만 고르는 게 아니라 다양한 결정권을 주면서 세분화된 고객의 니즈를 충족시켜 주기 위함일 것이다. 그렇다면 치킨은 그렇게 하지 못할까? 교촌치킨을 좋아하지만 양이 부족한 사람들에게는 큰 사이즈를 주문할 수 있게 하고, 매운맛을 좋아하는 사람들에게는 캡사이신 소스를 더 넣을 수 있도록 할 수 없을까?

 큰 사이즈, 구운 걸로, 맵기 3단계에 파 추가요~

양은 좀 많으면서, 부위는 닭다리와 날개로 하고, 소스는 BHC의 뿌링클 소스와 굽네치킨의 마그마 소스를 같이 먹고 싶고, 이왕이면 칼로리를 조금이라도 줄이기 위해 조리는 굽는 방식을 선택하고, 토핑으로 파를 넣고 싶다고 하자. 현재는 이런 식으로 주문할 수 없고 각 매장에서 모두 각각 주문해야 한다. 뿌링클 소스는 BHC에서, 마그마 소스는 굽네치킨에서, 파는 파닭에서, 굽는 방식은 굽네치킨 등 일부 프랜차이즈에서만 가능하기 때문이다.

치킨을 주문할 때 중요한 것은 맛과 직결되는 소스를 비롯하여, 닭의 크기, 양, 부위, 식감, 맵기, 사이드 메뉴 정도이다. 그 외에 다이어트가 고민인 사람들은 칼로리와 굽는지, 튀기는지 조리 방법까지 고려할 것이다.

대부분 치킨 브랜드는 10호를 사용하고 있지만 때에 따라 9호,

11호를 사용하는 매장도 있고, KFC, 파파이스는 13호의 대형 닭을 사용한다. 이렇게 사이즈부터 시작해서 조리 방법, 기름 종류, 맵기, 파 추가 등을 선택할 수 있게 하면 어떨까?

앞으로는 이렇게 주문하게 될 것이다.

- 크기는 어떻게 하시겠습니까? 11호요
- 어느 부위를 하겠습니까? 닭봉과 닭다리만 주세요
- 기름 종류는 어떻게 하시겠습니까? 올리브유요
- 조리 방법은 굽기, 튀기기 중 어떻게 하시겠습니까? 굽기요
- 어떤 맛으로 하겠습니까? 매운맛이요
- 매운맛 단계는 어느 정도로 하겠습니까? 3단계에 청양고추 많이요
- 파, 떡 추가하시겠습니까? 둘 다 추가해주세요

이외에 다양한 소스를 고르고, 떡볶이와 치즈볼 같은 사이드 메뉴를 추가하거나 비건들을 위한 대체육 치킨을 주문할 수도 있다. 그런데 어쩌면 처음 썬브웨이 주문할 때와 똑같은 공포를 느낄지도 모르겠다.

중요한 항목 중 실현 가능한 항목부터 선택

고객에게 선택권이 많다는 것이 마냥 좋은 것은 아니다. 때로는 선택권을 많이 주면 혼란만 가중시킨다. 실제로 식당에서 메뉴가 너무 많아서 선택하기 힘들어 하는 고객도 있다. 수십 가지 메뉴를 판매하는 분식집에서 '아무거나'라는 메뉴가 있는 것도 그런 부담을 줄이기 위해서다. 그렇다면 어느 정도의 선택권을 주는 것이 좋을까? 우리가 치킨을 먹을 때 고민하는 요소에 대한 선택권만 적절히 제공해 주는 것이 중요하다.

그리고 실제로 매장에서는 선택 항목을 다양하게 하기 쉽지 않을 것이다. 고객들에게 중요한 요소부터 시도해봄으로써 반응을 보고 점차 선택권을 확대해 나가는 게 좋다.

먼저 닭 크기는 양과 관련된 항목이라 충분히 중요하다. 하지만 국내 닭고기 시장은 1.5kg짜리 소형 닭 생산 위주이기 때문에 대형 닭 수급에 어려움이 있을 수 있다. 하지만 2016년 농촌진흥청에서 발간한 「육계 경영관리」에 따르면 생산비 절감, 고기 맛에서의 장점, 부분육에 대한 소비 증가로 인해 점차 대형닭에 대한 니즈가 증가하고 있다. 이런 점에서 보면 대형 닭의 수급도 안정화될 것이기 때문에 새로 치킨집을 준비하는 입장에서는 미리 고려하면 좋다(물론 현재도 대형 닭 수급은 불가능한 것이 아니며 코스트코나 도계장에서 구매하는 방법이 있다). 아직 대형 닭 시장이 대중화하기 이전이다. 차별화를 고민하는 사장님들에게는 맛도 좋고 생산비도 절감할 수 있는 전략을 선점하는 효과도 있기에 대형 닭 사용을 충분히 시도해볼 만하다. 물론 프랜차이즈 업체는 이미 본사와 계약된 육가공 업체로부터 닭을 수급받아서 닭의 크기와 부위를 매장 점주가 개별적으로 선택하기는 쉽지 않을 것이다.

좋은 기름은 맛과 영양에 직접적인 영향을 미치기 때문에 중요한 항목 중 하나이다. BBQ는 프랜차이즈 업체 중 가장 고급인 올리브유를 쓴다. 올리브유는 항산화 물질과 올레인산이라는 단일불포화지방산이 다른 기름보다 월등히 높아서, 영양과 맛 유지를 위해 경쟁사보다 리터 당 비용이 많이 들어도 사용하는 것이다. BHC도 등급이 높은 올레산 해바라기씨유를 사용한다. 다만 기름에도 선택권을 주면 다양한 기름 사용으로 관리의 번거로움과 산패 이슈 등이 생길 수 있어서 주의가 요구된다.

그리고 소스 정도는 이미 일정 금액을 추가하면 별도로 주문할 수 있다. 예를 들어, BHC에서는 프라이드치킨을 주문하더라도 뿌링클 메뉴를 맛보고 싶다면 1,500원에 '뿌링뿌링 소스'를 추가할 수 있다. 이처럼 소스나 사이드 메뉴 추가 선택은 어렵지 않다.

식감에 영향을 주는 튀김옷 두께는 튀김가루를 묻히는 방식으로 고객에게 선택권을 줄 수 있다. 솔로 튀김옷을 얇게 입히면 양이 좀 적어 보이긴 하지만 고기의 식감을 좀더 살릴 수 있을 것이며, 그냥 손으로 뒤섞어서 두껍게 튀김옷을 입힐 수도 있다. 파나 떡처럼 기존 재료 외에 토핑을 선택하는 것도 가능하다. 반면, 조리 방법의 확

크기부터 소스까지 내가 고른다! 고객 맞춤형 치킨!

장은 설비를 갖추어야 하는 부담이 있다. 굽네치킨처럼 튀기는 방식이 아니라 굽는 경우에는 튀김기가 아닌 오븐을 준비해야 한다.

이처럼 고객이 선택할 수 있는 항목이 늘어남에 따라 작게는 재료 확보와 양념을 입히는 방식에서부터 크게는 설비 변화와 육가공 업체와의 계약 방식에도 영향을 미친다. 그러니 쉽게 시작할 수 있으면서 맛에 영향을 줄 수 있는 항목부터 순서대로 도입해야 한다. 최적화된 선택 항목을 찾아낼 수 있을 것이다. 어떤 서비스든 커스터마이징이 중요해지는 요즘이다. 선택 항목을 늘려 치킨도 커스터마이징하여 차별화를 꾀해 보자.

이 책을 시작하게 된 계기

내가 치킨집 사장님이 될 수도 있다는 가정은 아무리 생각해봐도 아주 훌륭한 자기 객관화이다. 물론 커피숍을 차릴 수도 있고, 몇 년간 선배님을 따라다니며 도제식 교육으로 도배 기술을 배울 수도 있을 것이다. 그러나 어찌됐든 나중에 먹고 살려면 나는 그 무엇이라도 팔아야 한다. 내 전문 능력을 팔든가, 내가 제조한 것을 팔든가, 아니면 영업과 마케팅을 잘 해서 중개업이라도 해야 한다. 하지만 안타깝게도 나는 아무 준비가 되어 있지 않다.

내가 직장을 그만두게 되었을 때 사람들이 나에게 돈을 지불하고 사갈 만큼 특별한 능력을 갖고 있지 않다는 뜻이다. 그럼에도 당장의 상황이 매우 절박한 것은 아니었기 때문에 깊고 지속적으로 고민을 이어나가기가 어려웠다. 그래서 이 책을 기획해 작가들을 모으고, 함께 고민하면서도 노는 시간을 마련했다.

2장

CHICKEN

부록 사랑

부록이란 꼬리에
흔들리는 치킨

치킨무 국물을 버리러 가기
귀찮았던 날들이여 안녕

치킨은 한국 사람들의 최애 음식 중 하나이다. 2020년 농림축산식품부에 따르면, '배달앱으로 주문하는 가장 사랑하는 메뉴'에 치킨이 1위로 선정 되었다(47%). 때때로 치킨은 단순하게 인기 있는 메뉴 이상의 의미를 가지기도 한다. 거부하기 힘든 압도적인 맛 때문에 오죽하면 '치느님'이라고 부르겠는가? 하지만 이런 치느님을 영접하는 과정, 즉 배달원으로부터 치킨을 받아서 먹는 과정 사이에 아주 치명적인 어려움을 야기시키는 게 있다. 바로 치킨무다.

 치느님을 만나러 가는 고행의 시간, 치킨무 국물 버리기

치느님을 영접하는데 뜬금없이 치킨무가 어려움이라니. 집에서 영화 보면서 치킨을 먹는다고 가정하고, 치킨을 받아서 먹기까지의 과정을 그려 보자. 자, 배달된 치킨을 받는다. 요즘은 코로나 때문에 대부분 문앞에 두고 가는 경우가 많다. 현관문을 여는 순간 이미 코끝으로 먼저 은혜를 입는다. 치킨 냄새로 가득한 치킨 봉지를 기분 좋게 들고 거실로 가져 온다. 접이식 테이블을 거실에 펼치고 사람 수에 맞춰서 앞접시와 수저를 준비한다. 푸짐하게 먹기 위해서 때로는 밥이랑 반찬 몇 가지를 준비하기도 한다. 이윽고 치킨 박스를 테이블에 올리고 박스를 여는 순간 눈으로 2차 은혜를 입는다. 자, 이제 영접을 하기 위해 젓가락을 드는 그 순간, 아차! '치킨무 국물을 버리러 가야 하는구나'하고 좌절한다.

가족이나 친구끼리 먹으면 이 귀찮은 작업을 누가 할지 눈치를 보기도 한다. 싱크대에 버리고 오는 시간은 1~2분 밖에 걸리지 않지만 이미 치느님을 영접하기 위해 자리에 앉은 상태에서 다시 버리러 가는 것은 아주 번거롭다. 게다가 치킨무 국물을 버리기 위해 포장지를 뜯는 과정에서 국물이 튀거나 손에 묻으면 여간 귀찮아지는 게 아니다.

치킨을 직장에서 야식으로 먹거나 대학교 과방에서 먹는다고 생각해 보자. 치킨무 국물을 버리기 위해 멀리 있는 탕비실, 혹은 과방에서 멀리 떨어진 화장실까지 가야 한다. 치느님 영접이 쉬운 일은 아니겠지만 치킨무 국물을 버리러 가는 과정은 너무 가혹하다.

치킨무와 함께 배달되는 주사기

아주 손쉬운 아이디어가 있다. 치킨무 국물 흡입을 위한 주사기를 같이 배달하면 된다. 주사기가 있으면 포장지에 구멍을 '뽕' 하고 뚫어서 바로 치킨무 국물을 처리할 수 있다. '뜬금없이 웬 주사기?'라고 할 수 있지만, 이 주사기만 있으면 이제 귀찮게 국물을 버리러 갈 필요가 없다. 치킨 박스를 준비된 자리로 가져와서 주사기로 국물을 흡입하기만 하면 된다. 치킨을 먹기까지의 그 소중한 2~3분의 시간을 단축할 수 있다. 치킨 냄새가 코를 자극하는데 2~3분을 기다려야 한다는 것이 얼마나 고통스러운지 모두 다 잘 알 것이다. 이처럼 치느님을 받고 나서 중간에 끊김 없이 영접할 수 있다는 것은 단순히 시간 단축의 의미 이상이다.

주사기로 치킨무 포장지에 구멍을 내는 것은 그리 어려운 일이 아니다. '공차'에서 버블티를 먹을 때 빨대로 뽕! 하고 구멍을 뚫는 것처럼, 주사기 끝으로 치킨무 포장지의 한쪽 끝을 뽕! 하고 뚫기만 하면 된다.

 ## 학교나 회사에서 필수인 주사기

치킨무 주사기는 집에서도 유용하지만 학교나 회사에서는 더 큰 위력을 발휘한다. 앞에서 설명했듯이, 회사에서 치킨을 먹게 되면 탕비실이나 화장실에 치킨 국물을 버리게 되는데 보통, 치킨을 먹는 장소에서 화장실까지의 거리가 집에서의 그 거리(거실에서 부엌)보다 멀기 때문에 훨씬 더 귀찮다. 학교도 마찬가지다. 대학교 과방에서 먹을 때에도 화장실까지 거리는 멀고, 심지어 야외에서 먹게 되면 화장실을 다녀오는 데 10분 이상 걸릴지도 모른다. 아, 치킨을 눈앞에 두고 10분 동안 못 먹는다니! 치킨무 주사기는 집에서도 좋지만, 학교나 회사에서 사용했을 때 더 큰 만족감을 준다.

부담 없는 주사기 가격

보통 치킨무 용량은 전체 200g으로 국물이 100g, 무가 100g 정도 된다. 100mL 용량의 주사기가 있으면 되는 것이다. 2021년 3월, 11번가 기준 100mL에 990원이니 약 1,000원 정도 비용 부담이 생긴다.

치킨무 주사기의 효력은 명확하기 때문에 업체 사장님은 고객이 사이드 메뉴나 소스를 추가 주문하는 것처럼 치킨무 주사기를 추가 주문할 수 있게 한다. 초기에는 바이럴이 필요하기 때문에 기한을 정해두고 무료로 제공하는 것도 방법이다. 또는 일정 건수 이상 주문하는 단골 고객들에게 이벤트 상품으로 증정할 수도 있다.

친구들, 혹은 가족과 함께 2마리 이상을 먹어 치킨무가 2개 배달되면 100ml짜리 주사기 하나로는 부족하기 때문에 고객은 주사기 2개를 주문하거나 200mL짜리 주사기를 주문할 수 있도록 한다.

치킨무 국물을 버리러 가기 귀찮았던 날들이여 안녕

🐥 치킨무 주사기의 변신

인터넷에 100mL 주사기를 검색하면 단돈 1,000원에 구매할 수 있다. 다만 효과가 검증되면 다른 치킨집에서 쉽게 따라 할 수 있는 아이디어이기 때문에 차별화가 필요하다. 디자인이나 사용자 경험(UX)을 고려해서 몇 가지를 제안한다.

첫째, 가장 기본적인 형태의 주사기다. 시중에 있는 주사기 형태와 유사하다. 주사기는 밀대, 몸통, 주사기 끝을 덮을 수 있는 덮개만 있으면 된다. 덮개는 주사기 끝이 치킨무 국물에 직접 닿기 때문에 위생상 필요하다. 주사기 몸통에 브랜드 로고를 넣을 수 있고, 반려동물용 주사기처럼 밀대 색상을 다양하게 할 수 있다. 이 기본형만으로도 충분히 유용할 것이다.

두 번째는 주사기 몸통과 덮개 부분에 디자인을 더한 형태이다. 치킨집에서 직접 캐릭터를 디자인해서 넣으면 된다. 아이들을 타겟으로 동물이나 귀여운 캐릭터를 추가할 수 있을 것이다. 예를 들어 십이간지에 맞는 동물 디자인을 추가해서 랜덤으로 뽑히게 한다면 아이들은 모든 동물들을 모으기 위해, 또는 내가 좋아하는 동물을 수집하기 위해 부모님께 치킨을 시켜달라고 조를 수도 있다.

사람들이 좋아할 만한 카카오 프렌즈나 만화, 게임 등의 다양한 캐릭터와 콜라보를 할 수도 있다. 주사기 끝 부분 외에 몸통에도 디자인을 더하거나, 반려동물 주사기처럼 아예 모양 자체를 사용하기 쉽게 만들 수도 있다.

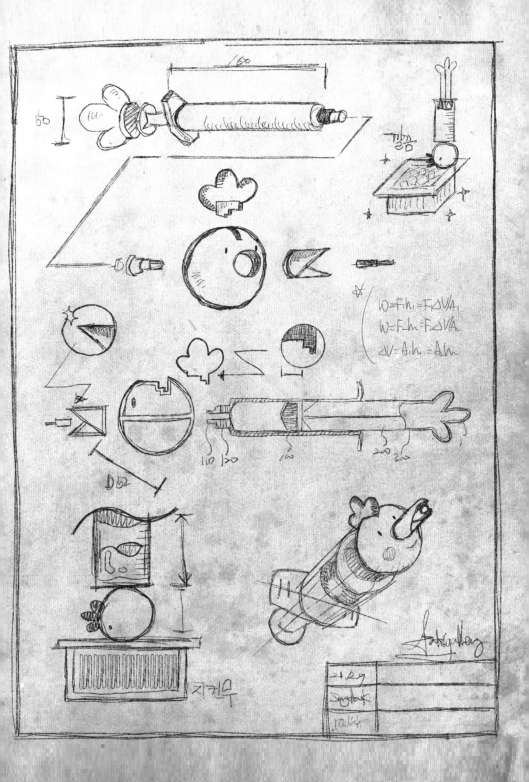

$$W = F_1 h_1 = F_1 \Delta V / A_1$$
$$W = F_2 h_2 = F_2 \Delta V / A_2$$
$$\Delta V = A_1 h_1 = A_2 h_2$$

지켜무

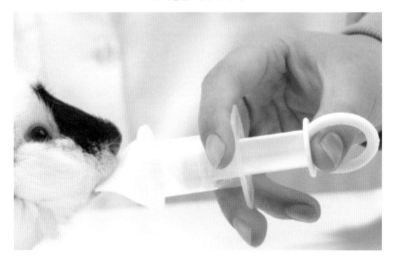

　모두가 치킨무 국물을 버리러 가기 귀찮아 하는데 아무도 그것을 개선하려고 하지 않았다. 별것 아닌 문제처럼 보였기 때문이다. 하지만 치킨을 먹을 때마다 느끼는 불편함이 정말 작은 문제인가? 그렇지 않다. 작아 보이는 문제도 고객 입장에서 자세히 들여다보면 심각한 경우가 많다. 그래서 작은 문제라도 놓치지 않고 포착해야 한다. 게다가 해결 방식도 아주 간단하다. 기존에 있는 도구를 활용하기만 하면 된다. 치킨무 주사기는 일상 속 작은 문제를 포착해서 아주 간단하게 해결한 대표적 사례가 될 것이다. 혁신은 이렇게 작은 곳에서부터 시작한다. 작은 불편함을 하나하나 바꿔나가다 보면 마침내 전체도 변화시킬 수 있다.

치킨 뼈가 골치 아픈 당신에게

배달 음식을 시키면 필연적으로 발생하는 것이 있다. 바로 쓰레기다. 특히 치킨을 좋아하는 사람이라면 다 먹고 남은 치킨 뼈를 어떻게 처리해야 할지 한 번쯤 고민해 보았을 것이다. 치킨 뼈는 음식물 쓰레기가 아니기 때문에 일반 쓰레기 종량제 봉투에 버려야 한다. 음식물 쓰레기라면 1리터와 같이 작은 사이즈의 봉투가 있기 때문에 바로 처리할 수 있지만 일반 쓰레기는 최소 5리터부터 시작하기 때문에 이미 쓰레기를 가득 채운 상태가 아니라면 뼈를 바로 처리하기에 어려움이 있다.

치킨 뼈는 쓰레기 분류 기준상 음식물은 아니지만 사실 특성은 음식물이라 밖에다 두면 쉽게 상하고 냄새도 많이 난다. 이 때문에 어떤 사람들은 남은 치킨 뼈를 냉동실에 보관해두기도 한다. 하지만 이미 많이 알려진 대로 음식물 쓰레기를 냉동실에 보관하는 것은 냉동실 전체에 세균을 퍼뜨릴 수 있는 위험한 행동이다. 이처럼 치킨 뼈 처리는 치킨을 좋아하는 사람들에게 작은 골칫거리이다.

우리 가게에서 이 골칫거리를 해결해 주면 어떨까? 치킨 뼈를 냉동실에 넣지 않고 쓰레기봉투가 가득 채워지기 전까지 깔끔하게 보관할 방법을 제공하는 것이다. 대단한 서비스는 아니지만, 고객에게 소소한 편리함을 주어 우리 가게를 고객의 기억에 남길 수 있지 않을까? 적어도 싫어할 고객은 없을 것이다.

 ## 밀봉과 탈취가 핵심!

우선 필요한 조건을 생각해 보자. 첫 번째로 가장 필수적인 요소는 냄새를 막아줄 밀봉과 탈취 기능이다. 두 번째로는 비닐봉지 형태여야 한다는 점이다. 부피가 크면 일반 쓰레기로 처리하기 불편하다. 셋째, 일반 쓰레기로 분류될 수 있어야 한다. 기껏 밀폐하여 보관하다가 버리기 전에 나쁜 냄새를 맡아가며 꺼내야 한다면 골칫거리 해결이 아니기 때문이다. 치킨 뼈를 담은 채로 한 번에 버릴 수 있는 방법이어야 한다. 마지막으로 구매 단가가 비싸면 안 된다. 고객에게 작은 편리함을 주겠다고 돈을 더 받을 수는 없기 때문에 정말 서비스 차원으로 제공할 수 있어야 한다. 큰돈을 들여 배보다 배꼽이 더 큰 상황을 만들어서는 안 되는 것이다.

이제 위 조건을 충족시키는 방법을 찾아보자. 먼저 탈취 기능을 가진 것은 무엇이 있을까? 쉽게는 냉장고 탈취제를 생각할 수 있다. 소주(알코올성 액체), 커피 찌꺼기, 베이킹소다, 숯과 같은 탄화제품 등 천연재료도 있고 화학성분, 필터 등을 통해 냄새 분자를 분해하는 방식의 기기도 있다. 후자는 단가가 비싸기 때문에 고려 대상에서 제외한다. 베이킹소다는 구하기도 쉽고 단가도 낮다. 비닐봉지에 베이킹소다를 넣어서 주는 것도 방법이 될 수 있을 것이다. 고객은 치킨을 다 먹고 남은 뼈다귀를 베이킹소다가 들어 있는 봉지에 넣고 봉지를 묶어 두었다가 일반 쓰레기가 모두 찬 종량제 봉투에 이 베이킹소다 + 치킨 뼈 봉지를 함께 넣고 버리면 된다. 어느 정도는 뼈에 붙은 고기 조각이 부패하는 속도를 늦춰 주고 냄새도 막아줄 것이다.

그런데 치킨 튀기기도 바쁜데 비닐봉지를 하나하나 열어가며 베이킹소다를 넣는 것은 번거로운 추가 업무이다. 또한, 고객에게 이 베이킹소다는 제빵이나 청소용으로 준 것이 아니라 치킨 뼈를 잠시 보관하는 용도로 쓰라고 준 것이라는 점도 설명해야 한다. 이보다 더 좋은 방법이 있다. 이미 있는 제품이지만 전혀 다른 데에 쓰이던 것을 가져와 보는 것이다. 탈취와 밀봉이 중요하고 쓰레기로 바로 처리할 수 있는 봉투, 바로 애완동물 배변 봉투다. 인터넷을 통해 쉽게 살 수 있고 소매단가도 50~70원 수준이다. 탈취 기능을 가지고 있고 밀봉력도 좋다. 최근에는 환경오염을 줄이기 위한 재생 봉투 성분으로도 제작되고 있다. 치킨 뼈를 잠시 보관하기에 제격이다. 봉투 용도에 대한 설명을 프린트해서 고객에게 제공해도 괜찮을 것이다('탈취기능이 있는 봉투입니다. 치킨 뼈는 여기에 넣어 버리세요' 등). 봉투 컬러도 꽤 다양하게 제작되고 있어서 예쁜 컬러의 봉투를 제공한다면 그 자체로 마케팅 요소가 될 수 있다. 가령 고객들이 리뷰로 치킨 뼈 봉투를 찍어 올려주며 색다른 경험을 했다고 소개해준다면 고객에게 우리 가게를 각인시키는 요소가 될 수 있다.

 냉동실 지킴이, Bone Box

하지만 쓰레기봉투에 넣거나, 싱크대에 두는 것보다 냉동실에 얼리는 게 더욱더 피해 규모가 작기 때문에 여전히 냉동실행을 고집할 수도 있다. 그렇다면, 안전하게 뼈를 넣을 수 있는 공간을 마련하는 건 어떨까? 걱정 없이 뼈를 넣고 나중에 버릴 때 거기에서 '쏙' 빼서 일반 쓰레기에 버리기만 하면 끝인 Bone Box를 만드는 것이다.

치킨을 주문하면 이벤트 사은품으로 고객들은 Bone Box를 받게 된다. 여기에 비닐봉지를 두르고 먹고 남은 뼈를 넣는다. 그리고 뚜껑을 닫고 냉동실의 한쪽에 잘 보관해둔다. 나중에 일반 쓰레기봉투를 버릴 때 Bone Box를 열고 비닐만 쏙 빼서 뼈를 처리하면 된다. 그냥 비닐로 처리하는 것에 비해 장점을 3가지로 정리할 수 있다.

하나, 다른 냉동 제품들과의 물리적 벽을 확보하여 (비닐보다 더 강한) 조금 더 깔끔한 냉동실을 사용할 수 있게 된다. 비닐에 쌓아 냉동실 한쪽에 훅 던져 놓으면 다른 냉동 제품들과 섞이면서 찢어질 위험이 크고 그 결과 세균 번식의 위험이 더 커지는 것을 막을

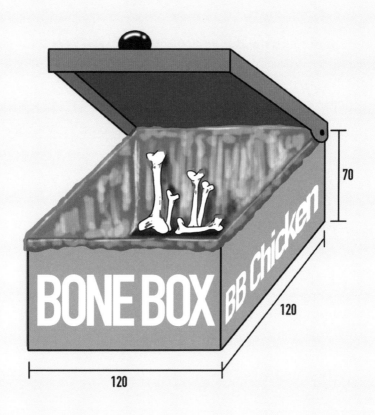

치킨 뼈가 골치 아픈 당신에게

수 있기 때문이다. Bone Box에 안전하게 두어 이러한 피해를 최소화한다.

둘, 추가 투입이 가능하다. 보통 비닐로 넣으면 묶기 마련이지만 Bone Box는 투입구가 따로 있기 때문에 비닐을 묶지 않아도 된다. 그래서 추가로 치킨 뼈를 더 넣을 수 있다. Bone Box의 크기 또한 치밀하게 설계했다. 통계청에 따르면 2019년 주민 1인당 생활 폐기물 배출량은 하루에 약 1.1kg이라고 한다. 생활 폐기물이란 음식물과 다른 폐자재의 모든 것들의 합산이다. 그 때문에 일반 쓰레기를 배출량을 그 절반으로 잡아 하루에 500g으로 가정해보자. 흔히 쓰는 10리터 쓰레기봉투를 쓸 경우, 약 20일로 계산할 수 있다. 물론 가구마다 정도에 따라 다르겠지만 20일에 한 번씩 쓰레기봉투를 비운다고 생각해 보자. 그리고 한국인의 1인당 평균 닭 소비량은 연간 20마리로, 계산하면 18일에 한 번씩 치킨을 시켜 먹는다. 즉 이론상 쓰레기봉투 버리는 주기와 닭 시켜먹는 주기가 어느 정도 일치하기 때문에 쓰레기봉투에는 웬만한 확률로 뼈가 들어 있는 것이 된다. 이러한 이유로 Bone Box에는 치킨 한 마리 분량의 뼈는 필수적으로 들어가고 추가로 한 마리 분량의 뼈를 더 넣을 수 있도록 설계했다. 일반 쓰레기가 다 채워지는 날과 치킨 시켜 먹는 날이 항상 일치하진 않기 때문이다. 치킨 한 마리의 뼈 무게는 약 100g으로 최대 두 마리 분량의 뼈를 보관할 수 있게 하여 고객이 깜박 잊어도 안심할 수 있게 하고자 한다.

셋, 비닐에 담아서 냉동고 한구석에 넣을 경우 깜박하고 계속 처리하지 못하는 경우가 많다. 이런 일이 반복될 경우 냉동고 곳곳에 뼈가 쌓이는 문제가 발생할 수 있다. Bone Box를 통해서 잘 보이는 곳에 쉽게 둘 수 있으며, 이를 통해 일반 쓰레기가 배출될 때 잊지 말고 뼈도 같이 버릴 수 있도록 유도한다. 또한 상자에 프린팅되어 있는 치킨집의 상호를 보면 다시 한번 치킨집을 생각하게 되고 다음에 치킨이 먹고 싶을 때 기억 속에서 내 치킨집을 다시 끄집어 낼 수 있다. 이렇게 냉동실을 깔끔하게 관리해주는 치킨집이 또 어디 있을까?

우리는 지금껏 고객이 치킨을 먹기까지의 전체적인 여정을 보고 마케팅을 진행해 왔다. 주문을 좀 더 쉽게 하기 위해 앱을 쓰거나 혹은 메뉴에 번호를 부여해서 전체 메뉴명을 말하지 않고 '2번 세트 주세요'라며 전화로도 쉽게 주문할 수 있게 했다. 그리고 치킨을 먹는 과정을 행복하게 하려고 맛있는 메뉴를 개발했다. 하지만 전체적인 여정에서 마지막 뒤처리에 대한 고민까지는 덜어주지 못했던 것 같다. 조금 더 쉽게, 깔끔하게 뒤처리를 할 수 있는 치킨 뼈 봉투, 혹은 Bone Box를 통해 고객이 치킨을 주문하고, 먹고, 그리고 그 마지막까지의 여정까지 행복하게 만들어 줄 수 있지 않을까? 치킨의 끝도 행복한 기억으로 남을 것이다.

치킨 뼈가 골치 아픈 당신에게

다시 태어난 치킨 한 마리,
닭 모양 '리얼 치킨 박스'

배가 고파 치킨 '한 마리'를 시켰다. 우리가 그냥 당연하다고 여겼지만, 정말로 내가 받은 치킨 박스에는 닭이 '한 마리' 들어 있을까? 실제 네이버 지식iN에는 치킨 조각 사진과 함께 한 마리가 정말 맞는지 봐달라는 질문이 올라올 정도다.

실제로 치킨을 평평한 종이 위에 올려서 부위별로 맞춰 닭의 모양이 완성되는지 확인해 보는 경우도 있다. 닭의 형상이 만들어지냐에 따라 한 마리인지 아닌지 확인할 수 있기 때문이다. 왜 이렇게 닭 한 마리에 대한 불신이 커졌을까? 치킨을 주문할 때마다 조각이 다르기 때문이 아닐까 싶다.

사실 각 치킨 브랜드가 사용하는 닭의 중량은 비슷하다. 대다수가 10호(약 1kg)를 사용한다. 이처럼 중량은 비슷할지라도 튀김 옷의 두께 혹은 몇 조각으로 나누는가에 따라 한 마리에 대한 느낌이 다르다. 일례로 한 마리를 13조각과 20조각으로 나눌 경우, 중량은 같지만 20조각이 더 많아 보이는 것이다. 하지만 튀김 옷을 입히는 방법이나 소스 등에 따른 적절한 조각 개수가 있어서 마냥 많이 나눈다고 능사는 아니다.

요즘은 닭 다리만, 혹은 날개 부위 등 특정 부위만 판매하는 부분육이 일반적인 한 마리보다 더 잘 팔린다. 가격은 2,000~3,000원 더 비쌀지라도, 내가 더 좋아하고 한 마리가 맞는지 의심하지 않아도 되는 치킨에 더 많은 돈을 소비하는 것이다. 하지만 앞서 언급했듯 부분육의 소비가 늘어나면서 비선호 부위에 대한 재고 문제도 커져가고 있다.

다시 예전처럼 전통의 한 마리를 부활시킬 순 없을까? 치킨 한 마리 시대가 부흥한다면 소비자들은 좀더 저렴한 가격으로 치킨을 즐길 수 있고, 닭 업계는 재고에 대한 걱정을 덜게 되면서 서로가 서로에게 득이 될 수 있을 것이다.

의심할 여지를 주지 않는 신개념 리얼치킨박스!

    '리얼 치킨 박스'를 통해 치킨 한 마리의 시대를 다시 부흥시키고자 한다. 방법은 간단하다. 문자 그대로 진짜 닭 모양의 치킨 박스를 제작하는 것이다. 국내에 치킨 박스를 만들어주는 다양한 업체들이 있다. 보통은 규격 형태의 박스에 로고만 출력해주지만 원하는 디자인과 기능으로 주문 제작을 해주는 업체도 다수 있다. 이러한 업체들의 경우 디자인 작업까지 같이 진행해주기 때문에 닭 모양의 박스를 제작하는 것은 어렵지 않다. 그리고 박스라는 개념을 탈피하여 새로운 패러다임을 제시하고자 한다.

리얼 치킨 박스에 대한 조감도

조감도를 보아라. 그 누구도 의심하지 못할 것이다. 박스라고 해서 다 같은 박스라고 생각하면 오산이다. 박스들이 모여 닭이 되었다. 그리고 각각의 박스 속에 해당 부위의 치킨이 들어간다. 메뉴명조차 '리얼 치킨 박스 (한 마리)'로 명명하여 소비자들에게 선보인다.

리얼 치킨 박스를 주문한 소비자는 다리를 먹고 싶으면 다리 부분의 뚜껑을 오픈하고 날개를 먹고 싶으면 날개 부위를 오픈하면 된다. 잘 몰랐던 치킨 조각의 실제 부위를 알게되는 경험도 가능하다. 진짜 한 마리가 다 들어있는지 이제 고민하지 않아도 된다. 리얼 치킨 박스를 통해 이미 한 마리임을 알려주고 있기 때문이다. 찾는 재미, 여는 재미, 먹는 재미를 '리얼 치킨 박스'를 통해 경험할 수 있다.

🐣 황금알을 낳는 닭? 황금 보너스를 주는 치킨!

리얼 치킨 박스는 말 그대로 재미를 주는 것이기에 일회성으로 그칠 수 있다. 한 번의 인스타그램 사진용으로만 소비되기에는 치킨 박스의 위상이 아쉽게 느껴진다. 여기에 몇 가지 장치를 추가하여 소비자의 N차 구매를 유도하고자 한다. 바로 황금알 박스를 통한 보너스 부위 시스템이다. 우리는 종종 인터넷이나 오프라인에서 럭키 박스를 판매하는 것을 보았을 것이다. '럭키 박스'는 안에 뭐가 들어있는지 모르고 구매하되 운이 좋으면 구입한 가격대보다 높은 상품이 들어 있을 수 있다. 그래서 구매자들은 럭키 박스를 열 때

다시 태어난 치킨 한 마리, 닭 모양 '리얼 치킨 박스'

혹시나 '좋은 제품이 있을까?' 하는 마음으로 열게 된다. 이러한 기대감을 리얼 치킨 박스에 적용한다. 닭 치킨 박스 뒷부분에 황금알 모양의 박스를 제작한다. 닭이 황금알을 낳아 기쁨을 가져다주는 것처럼 황금알 모양의 박스를 열었는데 닭 다리가 1개 더 있다면? 예상치 않게 하나를 더 얻는 소소한 기쁨을 느낄 수 있다.

보통 평균적인 치킨은 한 마리에 13~14조각이라고 한다. 한 마리를 보너스 치킨으로 사용한다면 14명의 고객에게 보너스 치킨을 제공할 수 있다. 치킨집에 제공되는 생닭이 보통 평균 5,000원이다. 14조각으로 나눈다면 360원이다. 360원으로 고객 한 명에게 소소한 기쁨을 제공할 수 있는 것이다. 그뿐만 아니라, 다음에 시켜 먹을 때 사용할 수 있는 사이드 메뉴 쿠폰(감자튀김, 치즈볼 등)을 넣으면 좀더 재미난 시스템이 될 수 있다.

'한 마리'를 신뢰할 수 있는 '리얼 치킨 박스'를 통해 먹는 재미를 넘어 보는 재미와 찾는 재미를 주고 동시에 무언가 더 있을 수 있다는 기대감까지 전하는 것이다. 오늘은 닭 다리가 3개 나올 수 있고 다음엔 치즈볼이 나올 수도 있다는 두근거림으로 '리얼 치킨 박스'를 구매하는 고객들이 점점 늘어나길 기대해 본다.

오늘의 운세가 함께하는
Fun한 치킨, 포춘 치킨

　　신문 한 구석에 있는 오늘의 운세를 기억하는가? 머리가 다 되길 기다리며 뒤적거리던 미용실 잡지에, 아침 출근길 받아 들던 무료 일간지 한쪽 구석에 있는 오늘의 운세는 참새가 방앗간을 그냥 지나치지 못하듯 꼭 일부러 찾아보곤 했다. 읽고 나면 금세 잊어버리고 되새김조차 한 적 없지만 좋은 평이면 왠지 하루가 잘 풀릴 것 같은 기분이 들어 좋았고, 조심하라는 내용이 있으면 조금은 행동가짐을 살피게 되었다. 대단하고 구체적인 풀이도 아니고, 누구에게나 말할 수 있는 일반적인 내용이었지만 잠시나마 '재미'가 있었다.

🐣 차이나타운의 포춘쿠키가 치킨에

이제는 예전만큼 접하기 어려워진 오늘의 운세를 치킨 주문 시 함께 배달 받을 수 있다면 어떨까? 먼저 한 방법으로 포춘쿠키를 제안하고자 한다.

차이나타운이나 중국집에서 디저트로 접하던 포춘쿠키는 삼각뿔 모양의 과자 속에 점괘가 적힌 종이가 들어 있다. 놀랍게도 기원은 중국이 아니라 미국으로, 일본에서 점을 칠 때 사용하던 과자인 '쓰지우라센베이(つじうらせんべい)'가 변형된 형태이다. 우리에게 익숙한 전병의 맛이지만, 계산대 옆에 놓여있는 포춘쿠키를 그냥 지나치기는 어렵다. 이래도 좋고 저래도 좋은, 점괘라고 말하기에 민망한 글귀이지만 한 끼 식사를 재미있게 마무리하는 데 충분하다.

포춘쿠키의 가격은 인터넷 검색 기준 개당 600~1,000원 정도이다. 생각보다 비싸게 느껴지는데 구워 나온 반죽이 덜 굳었을 때 일일이 종이를 넣고 형태를 빚어야 하는 공임(工賃)이 들기 때문이다. 인천 차이나타운에서도 개당 700원에 구입이 가능하다. 원하는 문구를 넣어 제작하려면 개당 1,000~2,000원 사이다.

일반 기성품을 구매할 수도 있겠지만, 약간의 재미를 더해 글귀를 닭 관련 속담으로 제작할 수도 있겠다. 닭 관련 속담이 90개가 넘는다고 하고, 치킨집과 어울리면서도 운세와 결이 같은 속담을 몇 개 추려보았다.

속담	뜻
닭 잡는데 소 잡는 칼을 쓴다.	보잘것없는 일에 지나치게 큰 대책을 세운다는 말
닭의 부리가 될지언정 소의 꼬리는 되지 마라.	크고 훌륭한 자의 뒤를 쫓아다니는 것보다는 차라리 작고 보잘것없는 데서 남의 우두머리가 되는 것이 낫다는 말
닭도 제 앞 모이 긁어 먹는다.	제 앞의 일은 자기가 처리하여야 한다는 말
닭 손님으로는 아니 간다.	닭장에 낯선 닭이 들어오면 본래 있던 닭이 달려들어 못살게 굴듯이, 손님을 반가워하지 않는 집에는 가야 좋은 대접을 받지 못한다는 말
닭이 천이면 봉이 한 마리 있다.	사람이 많으면 그중에는 뛰어난 사람도 있다는 말
닭 잡아 겪을 나그네 소 잡아 겪는다.	어떤 일을 처음에 소홀히 하다가 나중에 큰 손해를 보게 된다는 말로, '호미로 막을 것을 가래로 막는다'와 같은 의미
병아리는 가을에 가서 세어 보아야 한다.	봄에 깐 병아리 중 몇 마리나 자라서 닭 구실을 할지는 가을에 가서 세어 보아야 정확하다는 뜻으로, 일의 결과를 보지 아니하고 타산만 앞세우다가는 실지와 맞지 아니할 수 있다는 말
오달지기는 사돈네 가을닭이다.	사돈네 가을 닭이 아무리 살지고 좋아도 제게는 소용이 없으니 보기만 좋지 도무지 실속이 없다는 말
닭의 새끼 봉 되랴.	본시 제가 타고난대로밖에는 아무리 하여도 안 된다는 말
돌멩이 갖다 놓고 닭알 되기를 바란다.	전혀 가망이 없는 일을 행여나 하여 기대하는 경우에 놀림조로 이르는 말

속담	뜻
닭알낟가리를 쌓았다 헐었다 한다.	달걀이 잘 쌓이지 않아 쌓았다 무너뜨렸다 한다는 뜻으로, 쓸데없는 공상을 자꾸 함을 비유적으로 이르는 말
조막손이 닭알 굴리듯	무슨 일을 성사시키지 못하면서 오랫동안 우물쭈물 하고 있음을 비유적으로 이르는 말
타는 닭이 꼬꼬 하고 그슬린 돝이 달음질한다.	무슨 일을 할 때 전혀 뜻밖의 일이 생겨 일을 그르칠 수 있으므로 항상 마음 놓지 말고 조심해야 함을 비유적으로 이르는 말
삶은 닭알에서 병아리 나오기를 기다린다.	도저히 이루어질 가망이 없는 것을 부질없이 바람을 이르는 말
밑알을 넣어야 알을 내어 먹는다.	닭의 둥지에 밑알을 넣어 두어야 닭이 낳은 알을 내어 먹을 수 있다는 뜻으로, 무슨 일이든 공이나 밑천을 들여야 무엇인가를 얻을 수 있음을 이르는 말
쌀고리에 닭이라.	갑자기 먹을 것이 많고 복 많은 처지에 놓임을 비유적으로 이르는 말
소경 제 닭 잡아먹기	소경이 횡재라고 좋아한 것이 알고 보니 제 것이었다는 뜻으로, 이익을 보는 줄 알고 한 일이 결국은 자기 자신에게 손해가 되거나 아무런 이익이 없는 경우를 비유적으로 이르는 말
닭도 홰에서 떨어지는 날이 있다.	아무리 익숙하고 잘하는 사람이라도 간혹 실수할 때가 있음을 비유적으로 이르는 말
소뿔에 닭알 쌓는다.	뾰족한 쇠뿔 위에 둥글둥글한 달걀을 쌓으려 한다는 뜻으로, 도저히 할 수 없는 일을 해 보겠다고 어리석게 행동하는 것을 비꼬는 말

출처 : 표준국어대사전

이러한 포춘쿠키 속 운세는 치킨과의 연관성 확보는 물론이고, 생활과 밀접한 닭 관련 속담으로 닭에 대한 친밀감까지 높일 수 있다. 포춘쿠키는 어디까지나 '재미'에 목적이 있다. 맛과 서비스 외에 더이상의 차별화는 어렵다고 생각되던 시장에서 '재미있는 치킨'으로 소비자에게 눈도장을 확실히 찍을 수 있을 것이다.

아예 직접 상담받는 건 어때?

포춘쿠키가 다소 소박하고 귀여운 운세 제공 방법이었다면, 직접적으로 운세를 조회할 수 있게 하거나 무료 상담을 제공하는 방법도 있다. 포춘쿠키를 상시 이벤트로 하고, 무료 운세는 신년 이벤트 명목으로 제공하는 것도 좋겠다.

구인구직 포털사이트 알바천국이 2018년에 10~30대 회원 1,608명을 대상으로 조사한 설문조사에 의하면 응답자의 90%가 운세를 본 경험이 있으며, 빈도에 대해서는 1년에 한 번 본다는 응답이 25.5%로 가장 많았다. 운세를 보는 이유에 대해선 42.7%는 '막연한 호기심', 22.9%는 '미래에 대한 불안감'을 꼽았다. 각박한 현실과 미래에 대한 불안감으로 점술에 의존하는 것이다. 온라인의 발달로 언택트 운세 시장 규모까지 커지고 있다. 통계청의 「점술 및 유사 서비스업 관련 통계」에 의하면 2019년 시장규모는 1,749억 원이다. 그러나 미등록 사업장이 많은 업계 특성상 통계청 규모보다는 더 클 것으로 예상되고, 무속인 단체인 대한경신연합회의 주장처럼 30만 역술인에, 그중 15만 무속인이 연 4,000만 원 정도의 수익을 낸다고 가정하면 그 규모는 조 단위로 추정(45만×4천=1.8조 원)된다. 영화 산업의 규모가 2조라고 하니 점술, 운세시장의 규모도 상당하다는 것을 알 수 있다. 이처럼 요즘 젊은 층에 거부감이 없는 운세풀이를 이벤트로 제공한다면 다른 치킨집과는 확실한 차별화가 될 것이다.

배달 접수시에 구매자의 이름, 생년월일을 받아 운세풀이 사이트에서 조회한 다음 직접 출력하여 배달한다면 더없이 좋겠으나, 개인정보보호법에 저촉되고 선량한 의도가 나쁘게 비춰질 수 있다. 그 대신 특정 사주풀이 사이트와 계약하여 소비자가 직접 조회할 수 있는 사이트 링크가 담긴 쿠폰을 제공한다.

사이트마다 차이가 있으나 유료 신년운세의 경우 6,000~ 10,000원 선이다. 동네 치킨집이 부담하기에 무리일 수 있으니, 한정된 이벤트 기간에 2회 이상 구매 고객 또는 2마리 이상 구매 고객에게 제공한다. 이때 사주풀이 업체도 광고 효과가 있을 테니, 협상을 통해 쿠폰 발행량이 아닌 실 조회 고객 기준 정산도 충분히 가능할 것이다.

더 나아가 사주풀이 상담가와의 화상통화를 제공하는 방법도 있다. 맛보기용으로 15분만 치킨집이 결제하고, 그 이상은 고객이 지불하는 것으로 한다. 사주풀이/작명/택일 상담이 보통 1시간 기준 3만 원, 용하다는 곳은 5만 원 정도다. 15분으로 하면 산술적으로

7,500~12,500원인데, 추가 요금이 발생할 경우 치킨집이 대신 영업을 해준 것과 다르지 않으니 이를 반영하여 단가는 협의를 통해 결정한다. 협의를 거친다고 해도 기본 단가가 치킨 가격에 비해 높은 수준이라 모든 고객을 대상으로는 이벤트가 불가하다. 주문 시 제공되는 쿠폰 5개와 사주풀이 이용권을 교환할 수 있게 하는 것이 좋겠다. 사주풀이 상담가의 경우, 재택근무가 가능하고 홍보도 치킨집이 대신해 주는 꼴이니 부담이 없다. 다만, 상담가의 본업에 방해되지 않도록 소비자는 예약을 통해 진행한다.

음식 평가에 재미가 추가된다면

포털사이트에서 음식점을 검색하면 보통 맛과 서비스에 평가가 집중되어 있다. 음식을 파는 서비스 업종에서 이외의 것이 더 필요한가 싶겠지만 오히려 생각지 못했던 항목이 추가된다면 이목을 끌수 있지 않을까? 여기에 'Fun'이란 요소가 추가되면 어떨까? 치킨이 맛있어야 하는 건 당연하고 소비자가 치킨을 배달 받았을 때 즐거움까지 느낄 수 있다면 더 후한 점수를 줄 수 있을 것이다. 음식점에 방문해서 느끼는 평가가 '맛'하나가 아니라, 친절도, 분위기, 뷰

오늘의 운세가 함께하는 Fun한 치킨, 포춘 치킨

(View), 인테리어, 주차의 편의성 등 복합적인 경험에서 비롯되는 만큼 조금은 신선한 리뷰 '재미있어요'가 추가되는 건 어떨까? 그렇다면 우리의 포춘 치킨은 좋은 평을 받을 것이다.

반려인과 반려견
모두가 행복한 치킨 굿즈

　'반려인 1,500만 시대.' 그렇다. 무려 국민 3명 중 1명 꼴로 동물을 키우고 있다. 길거리를 돌아다니면 산책하는 강아지들을 쉽게 찾아볼 수 있을 정도다. KB금융그룹의 「2021 한국 반려동물 보고서」에 따르면 국내 반려 가구는 전체 가구의 29.7%에 달한다고 한다. 2018년 조사 결과와 비교하면 1.5배로 증가한 수치다.

　반려동물 산업도 폭발적으로 성장하고 있다. 한국농촌경제 연구원에 따르면 2021년 3조 4,000억 원이었던 시장규모가 2027년에는 6조 원에 달할 것이라는 전망이 나왔다. 다양한 업체들이 이른바 Pet과 Economy의 합성어인 펫코노미(Pet-conomy)를 위해 뛰어들고 있기 때문이다. 2021년 4월 GS샵은 반려동물 전문관인 '펫지(Pet G)'를 출시했는데, 양질의 반려동물 제품을 찾고 있는 고객들에게 믿을 만하고 지속 구매 가능한 상품을 선보인다고 한다.

반려인은 사랑하는 반려동물의 행복을 위해서, 건강하고 맛있는 음식을 먹이기 위해서 양질의 제품을 찾는다. 반려동물의 먹거리에 진심인 것이다. 여러 커뮤니티에서 반려동물을 지칭할 때 내 강아지가 아니라 내 자식, 내 새끼라고 부르는 것이 자연스러울 만큼 말이다.

반려동물을 진짜 자식처럼 생각하는 반려인들

이렇게 내 자식이라고 부르듯 반려동물을 인간처럼 생각하고 대하는 '펫 휴머나이제이션(Pet Humanization)'이 반려동물 시장에서 트렌드로 떠오르고 있다. 코로나19로 '집콕'이 장기화되면서 반려동물을 입양하려는 사람들이 더욱 증가하는 추세라고 한다. 미국에서는 강아지의 인기가 높아져 '팬데믹 퍼피(Pandemic Puppy)'라는 신조어도 생겼다.

내가 맛있는 음식을 먹음으로써 느끼는 행복을 그대로 내 반려동물에게도 주고 싶은 걸까? 반려동물 음식 시장을 보면 사료뿐만 아니라 반려동물용 피자, 치킨, 맥주, 소주 등 다양한 상품들이 시중에서 소비되고 있다. 당연히 실제 반려동물이 먹을 수 있는 재료로 만들어졌다. 그렇다면 치킨집에서도 반려동물 전용 치킨을 만들어서 사이드 메뉴로 판매한다면 매출에 도움이 되지 않을까?

더 예민해야 하는 반려동물 식품

하지만 여기에는 치명적인 문제가 있다. 반려동물이 먹는 음식은 굉장히 조심해야 한다는 점이다. 최고의 디저트인 초콜릿은 인간에게 달콤함과 행복을 가져다 준다. 하지만 반려동물에게는 독이다. 초콜릿에는 '테오브로민'이라는 성분이 있는데 사람은 이 성분을 제거하는 효소를 가지고 있지만, 강아지의 몸에는 없어서 독으로 작용한다. 소량을 먹어도 구토, 설사, 호흡수 증가 현상을 보이며, 많은 양을 먹으면 심장마비로 갑자기 사망할 수도 있다. 과거 방영했던 위기탈출 넘버원 급의 이 공포는 반려동물에게 현실이다.

뿐만 아니라 반려동물별로 유전병이나 알레르기가 있을 수 있어 사료도 아무거나 먹일 수 없다. 사료의 성분표를 분석해서 식물성인지 동물성인지, 재료는 무엇이 들어갔는지, 고기라면 가공 후 남은 걸로 만들어진 건 아닌지 등 반려인들은 이러한 사항을 꼼꼼하게 체크한다. 애견카페에 가면 함부로 다른 강아지들에게 간식을 주지 않는 이유이기도 하다. 내 강아지에게 문제 없는 간식이 다른 강아지에게는 알레르기를 유발할 수 있기 때문이다.

그래서 반려인들에게 반려동물용 치킨을 팔기 위해서는 무엇보다 성분을 상세하게 안내해야 한다. 일례로 반려동물용 치킨을 사이드 메뉴로 제공한 업체가 있었는데 펫푸드 전문업체에서 만들어진 완제품이라고 소개하며 치킨집에서는 일체의 조리가 없음을 강조했다.

우리가 치킨을 먹을 때의 행복감을 반려동물과 같이 느낄 수 있는 방법은 다양하다. 그것이 설령 음식이 아니라 할지라도. 바로 치킨 모양의 장난감을 사이드 메뉴로 판매하는 것이다. 장난감은 식품이 아니기 때문에 성분이나 재료에 대해서 덜 민감할 것이다. 치킨 모양의 장난감에는 곳곳에 사료를 숨겨 두고 후각을 통해 찾도록 하는 '노즈워크(nose work)' 기능을 더한다. 이 방법을 통해 강아지는 후각을 활용하며 스트레스가 풀리고 주인과 유대감을 형성할 수 있다고 한다.

기능성 장난감에 귀여움이 더해지면? Take my Money!

시중에 판매되는 노즈워크 장난감을 보면 카펫 형태(카펫 위에 많은 천을 덧대어서 천 사이에 사료를 숨기고 반려동물이 찾아 먹는 형태)의 제품들이 주를 이룬다. 이런 형태는 사료를 많이 숨길 수 있어 강아지들이 더 오래 노즈워크를 할 수 있다.

하지만 최근에는 이런 일반적인 형태의 노즈워크 장난감이 아닌 유부초밥, 호두과자, 옥수수 등 사람이 먹는 음식 모양의 노즈워크 장난감이 인기다. 이는 앞서 말한 펫 휴머나이제이션과 일맥상통한다. 반려동물을 사람처럼 생각하기 때문에 장난감마저 사람이 먹는 음식 모양을 선호하는 것이다.

시중에 판매되는 사람이 먹는 음식 모양의 노즈워크 장난감

또한 펫(pet)과 인테리어(interior)의 합성어인 펫테리어라는 신조어가 생겼을 만큼 반려동물과 함께 잘 살 수 있는 공간을 만드는 것도 반려인들의 큰 관심 중 하나다. 반려동물에게 안전한 공간을 만드는 것뿐만 아니라 디자인도 중요시에 하기에 음식 모양의 노즈워크 제품은 미적 재미도 챙길 수 있어서 만족감을 준다.

내가 먹는 맥주 모양의 장난감을 들고 있는 강아지는 귀여움으로 귀결된다. 그렇다. 귀여운 건 이유도 없이 갖고 싶다. 귀여운 치킨 모양에 노즈워크 기능까지 있다면? 구매하지 않을 이유가 없다.

우리가 먹는 치킨을 상세히 살펴보자. 치킨은 다양한 구성품을 지니고 있다. 치킨이 담긴 포장 박스부터 닭 다리, 닭 날개 등 다양한 부위의 치킨과 콜라, 무까지. 이러한 구성품들이 모여서 치킨 한 세트가 된다. 마찬가지로 반려동물 치킨 장난감 또한 이러한 구성품을 바탕으로 디자인하면 어떨까? 실제 다양한 음식 모양의 장난감을 제조하는 업체에서 제품을 납품받는다면 양질의 제품이 나올

반려인과 반려견 모두가 행복한 치킨 굿즈

시중에 판매되는 다양한 음식 모양의 반려견 장난감들

것으로 예상된다.

치킨 모양 장난감은 박스, 닭 다리, 닭 날개, 치킨무, 콜라를 포함해 총 5가지 종류로 제작한다. 가격은 시중에 판매되는 노즈워크 장난감과 비슷한 6,000원에 제공한다. 소비자는 '반려동물 치킨 장난감 (전 5종)'이라는 문구만 보고 구매하고 제품은 랜덤으로 배달한다. 아이돌 가수의 앨범 안에는 멤버 중 1명의 포토 카드가 랜덤으로 들어있다. 팬들은 여러 개의 앨범을 사서 모든 멤버의 포토 카드를 모은다고 한다. 치킨 장난감 세트 또한 모든 종류를 모으기 위해 치킨을 여러 번 구매할지도 모른다. 우리가 흔히 '신상'을 좋아하는 것처럼 강아지도 새로운 장난감에 큰 관심을 보일 것이다. 겹치지 않는 장난감이 나오면 그걸로 좋은 거고, 혹시나 겹쳐도 물어 뜯다가 처참해진 기존의 장난감을 새로 교체하면 그만이다. 각종 커뮤니티나 중고거래 서비스에 글을 올린다면 더욱더 입소문이 나서 판매도 자연스럽게 증가할 것이다.

이제 반려인은 치킨을 맛있게 먹고, 반려동물은 치킨 모양 장난
감에 숨겨둔 사료를 찾아 먹으면 된다. '치킨'을 먹는 행복감을 공유
하며 유대감이 상승할 것이다.

치킨에 진심이 되기까지

치킨집 사장이라는 카드를 이렇게 빨리 꺼내게 될 줄 몰랐다. 대학을 졸업하고 취업한 이후로 단 하루도 회사원이 아닌 적이 없었던 직장인 강순천에게는 이 단어가 꽤나 무게감 있게 느껴졌다. 치킨집 사이드 프로젝트를 시작하기 전의 나는 치킨 한 마리가 내 식탁 위에 오르기까지 어떤 과정으로, 얼마큼의 노력이 필요한지에 대해 생각은 고사하고 관심조차 없었다. 그저 '기승전 치킨집'이라는 전설 같은 이야기에 피식 웃고 한 귀로 흘려버릴 뿐이었다.

사이드 프로젝트를 시작한 지 1년이 훌쩍 지난 지금, 나는 뉴스 플랫폼에서 치킨 관련 기사를 꼼꼼히 챙겨보고, 각종 미디어 채널에서 치킨 광고라도 마주할 때면 누구보다 격하게 집중하는 열혈 시청자가 되었다. 동네 치킨집 앞을 지나며 어떤 신제품이 나왔는지 눈여겨 보는 것은 물론이고, 치킨집 사장님들이 모인 커뮤니티에 종종 들러 그들의 이야기에 함께 고민하고 걱정하기를 즐긴다. 지난 봄 여름 가을 겨울, 나는 정말 치킨에 진심이었다.

3장

CHICKEN

배달
천재

치킨 배달의
판도를 바꾼다

치킨 조리 트럭

모든 음식은 조리하자마자 먹는 게 가장 맛있다. 그래서 음식을 빨리 배달하는 것은 신선도와 맛에 직결된다. 배달의 민족이나 쿠팡이츠 등 배달 플랫폼 업체들이 번쩍 배달이나 치타 배달이라는 이름으로 속도 경쟁을 하고 있는 이유다. 2021년 5월에 오픈서베이가 발표한 「배달 서비스 트렌드 리포트 2021」에 따르면 배달앱 서비스 만족도에서 쿠팡이츠가 74%로 1위를 차지 했는데, 이유는 '짧은 배달 시간'이었다. 빠른 배달은 서비스 만족도에 영향을 주는 가장 중요한 요인 중 하나라고 할 수 있다. 특히 쿠팡이츠의 경우, 한 명의 배달원당 한 개의 음식만 배정되기 때문에 구조적으로 경쟁사보다 배달 속도가 빠르다. 한 배달원이 여러 곳을 배달하느라 배달 속도가 느려지는 상황을 제거해 경쟁사와 차별점을 둔 것이다. 이

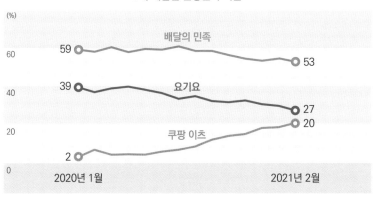

3대 배달앱 순방문자 비율

(%)

배달의 민족
59 ○ ────── ○ 53

요기요
39 ○ ────── ○ 27
○ 20

쿠팡 이츠
2 ○

2020년 1월   2021년 2월

출처 : 닐슨코리아

처럼 배달 속도의 중요성을 알고 잘 활용한 덕에 늦게 시작했음에
도 빠르게 성장했다. 하지만 기존의 배달 방식으로는 물리적인 배
달 시간을 줄이기에 한계가 있다. 배달 중에 음식을 만들 수 있다면
어떨까?

매장에서 치킨을 조리한 후 배달하는 게 아니라, 특정 지역을 돌
고 있는 트럭에서 주문을 받고 조리와 동시에 배달하는 방식을 제
안한다. 이는 조리가 완료되자마자 고객에게 전달되기 때문에 최대
한 따뜻하고 신선한 맛을 보장할 수 있다. 음식을 먹는 데 가장 중
요한 맛과 배달 시간이 보장되는 곳이 있다면 소비자는 반드시 그
곳을 선택할 것이다.

치킨 조리는 크게 염지, 튀김옷 입히기, 튀기기, 양념으로 나뉜
다. 매장마다 다르지만, 염지는 맛에 따라 수십 분에서 수 시간이

     치킨 조리 트럭

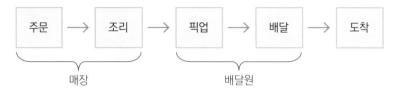

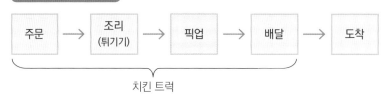

소요된다. 일반적으로는 매장에서 염지된 닭에 튀김옷을 입히고 튀긴 후 메뉴별 양념을 입히고 포장하면 배달원이 픽업해서 수십 분 정도 오토바이를 타고 배달한다. 보통 조리부터 배송 완료까지 40~50분이 걸리고, 이 시간의 절반은 배달하는 데 소요된다. 치킨 조리를 빨리 끝내도 배달 시간이 20분 정도 걸리면 고객은 반드시 어느 정도 식은 치킨을 받게 된다. 배달이 늦어서 식은 치킨을 먹은 적이 있는가? 아무리 맛있는 치킨도 식게 되면 처음의 그 맛을 유지하기가 힘들다.

조리 로봇이 설치된 트럭

치킨 트럭에서는 튀김옷 입히기, 튀기기, 양념 등의 과정이 진행된다. 그러기 위해서는 미리 염지된 닭이 치킨 트럭에 준비되어 있어야 한다. 그리고 골고루 튀김옷을 입힌 후 일정하고 맛있게 튀길수 있는 로봇이 트럭에 설치가 되어야 한다. 현재 이미 치킨 로봇은 상용화되어 있다. 로봇을 통해 생산성은 높이고 가격은 낮추는 매장이 등장한 것이다. 실제 매장에서 사용하는 조리 로봇을 트럭에 결합해서 치킨 조리 트럭을 만들고자 한다.

로봇을 이용한 치킨 조리

출처 : 롸버트 치킨

 ## 조리 로봇 트럭은 이전에도 있었다

로봇이 트럭에서 조리하는 방식은 이전에도 있었다. 2017년 최고의 스타트업 중 하나이자 2018년 소프트뱅크에서 무려 3억 7,500만

　　　　　　　　　　　　　　　　　　　치킨 조리 트럭

달러의 투자를 받은 '줌 피자(Zume Pizza)'이다.

줌 피자는 로봇과 인간이 피자 조리 과정을 나눠서 맡고, 맛을 일정하게 유지함으로써 생산성을 높였다. 특히 트럭에서 마지막 굽기 과정을 수행함으로써 조리되자마자 최대한 빨리 고객에게 전달하고자 했다. 하지만 초기 기대와는 달리, 배달해야 하는 구역이 넓어지며 발생한 몇 가지 문제점을 결국 해결하지 못했다. 먼 거리를 배달하면서 시간이 지나도 맛을 일정하게 유지하는 게 힘들었고, 시내를 달리면서 치즈가 한쪽으로 쏠리는 문제가 생기기도 했다. 길의 바닥 상태에 영향을 많이 받는 탓이었다. 특히 충돌 사고가 난 경우 복구가 힘든 것도 문제였다. 그리고 줌 피자는 팔 달린 로봇을 트럭에 설치함으로써 단가가 대당 4억 원 이상 올라갔다고 한다. 이런 상황이라 피자 가격이 기존 배달 피자와 비슷하거나 더 비싸서 결국 피자 배달 사업을 접을 수밖에 없었다.

치킨 조리 트럭도 가장 중요한 것은 결국 맛이다. 로봇이 조리하더라도 맛을 일정하게 유지할 수 있어야 하며, 길의 바닥 상태에 따라 시내를 달리면서 생기는 문제 등에도 대응할 수 있어야 할 것이다. 특히 치킨 조리 과정에만 있는 기름에 튀기는 과정을 안전하게 해결할 수 있어야 한다. 그렇다면 치킨 조리 트럭은 어떻게 구성되어야 할까?

짐벌 원리를 이용한 치킨 조리 트럭

염지가 된 닭을 사용하기 때문에 냉장 설비는 필수이다. 주문이 들어오면 냉장고에서 숙성된 닭을 꺼내어 튀김옷을 고루 입히고 튀기는 것으로 조리는 시작된다.

하지만 치킨 조리 트럭에서는 모든 과정을 로봇이 다 할 수는 없다. 로봇 팔은 설치의 어려움과 안정성 때문에 트럭에 적용할 수 없기 때문이다. 대신 반죽 통은 반죽과 양념 옷을 입히는 데 활용할 수 있다. 그리고 치킨 조리 트럭에서는 이동 중에도 안전하게 튀길 수 있는 기름 통이 필요하다. 현재 매장에 있는 고정형 기름 통이 아니라 아래와 같이 이동 중에 기름의 낙차에도 영향을 받지 않는 짐벌 원리를 이용한 기름 통을 활용할 수 있다. 기름 통의 뚜껑을 막으면 트럭 안에서도 용이하다. 꼭 아래 디자인이 아니더라도 이와 같은 짐벌 원리를 갖추기만 한다면 이동 중 적정 수준의 외부 충격은 감당할 수 있을 것이다.

한국에서 개발 중인 치킨 조리 트럭

놀랍게도 한국의 스타트업이 위에 언급한 설명과 유사한 치킨 조리 트럭을 개발 하고 있다. '신스타프리젠츠'라는 업체이며 현재 북미 시장을 타깃으로 '칙트럭'을 상용화 준비 중이다. 내부 구조는 아래와 같고 '칙트럭'은 포장까지 로봇이 함으로써 인건비를 효율적

신스타프리젠츠의 '칙트럭' 구조도

출처: 신스타프리젠츠

으로 줄일 수 있다고 한다. 흥미로운 점은 '칙트럭'도 미국의 '줌 피자' 트럭에 영감을 받아서 개발을 준비했으며 줌 피자의 실패를 거울삼아 많은 연구를 진행했다고 한다.

이 회사의 CEO는 이미 해외에서 주목받고 있는 달리는 로봇 식당 콘셉트인 '쿡 엔 루트(cook-en-route)'를 외식업의 미래로 보고 있다. 창업 초기에 배달의 민족 김봉진 회장이 잠재력을 알아보고 10억을 투자했다고 하니 치킨 조리 트럭의 수익성을 미리 입증한 셈이다.

강남이나 용산 지역 등 수요가 많은 지역부터

치킨 조리 트럭은 동네에 안정적인 수요를 가진 사장님이 강남이나 용산 지역처럼 아파트 단지가 많고 어느 정도의 수요가 보장된 곳에서 시작하는 게 적절하다. 더욱이 골목이 많은 지역보다는 트럭 이동이 용이하도록 길의 상태가 좋은 지역이면 더 좋다. 그리고 이 트럭은 금요일이나 주말 저녁에 공급이 수요를 못 따라가는 매장에 더 유용하다. 배달 시간이 길어지고 그것 때문에 취소하는 고객들도 생기는 경우, 주말 저녁만이라도 조리 트럭을 이용한다면 더 많은 치킨을 안정적으로 배달할 수 있을 것이다.

현재 식품위생법상 주방은 고정된 곳이어야 하기 때문에 규제 샌드박스로 허용된 강남, 용산 지역부터 시작할 수 있다. 하지만 여기도 허용 기간이 2년뿐이라 법 개정이 이루어져야만 지속 가능하다는 한계가 있다. 이 아이디어는 소비자들에게 주는 가치가 명확하고 자영업자들에게는 새로운 기회가 될 수 있다. 훗날 법 개정이 이루어져 소비자와 자영업자 모두가 꾸준히 이용하게 될 수도 있지 않을까?

전국을 누비는 유랑 치킨

〈바퀴 달린 집〉이라는 TV 프로그램이 있다. 캠핑카로 전국을 유랑하면서 친구를 초대해 하루를 보내는 버라이어티 프로그램이다. 반복되는 구성에도 불구하고 호평을 받아 현재 시즌3까지 방영되었다. 자극적인 소재나 구성이 없는 데도 한번 보기 시작하면 눈을 떼기 쉽지 않다. 〈바퀴 달린 집〉에서는 전국 어디든 멋진 풍경이 있는 곳이라면 곧 그들의 집이 된다.

여행하는 삶은 많은 이들의 로망이다. 누구보다 여행을 좋아하고, 평소에 방랑벽이나 역마살이 있다는 이야기를 자주 듣는 사람이라면 한번쯤 도전해 볼 만한 여행하는 치킨 트럭 비즈니스 '유랑 치킨'을 제안해 본다.

유랑 치킨은 보통의 치킨 트럭과 어떻게 다른가

'치킨 트럭'이라고 하면 가장 먼저 떠오르는 이미지는 동네 근처에서 종종 볼 수 있는 전기구이 통닭일 것이다. 보통 특정 요일에 특정 위치에서 발견된다. 전기구이 통닭 트럭에서는 쇠 봉에 꿰어진 닭들이 일렬로 줄지어 돌돌 돌아가며 기름을 뺀다. 화려한 조명이 통닭을 감싸는 장면은 지나치는 이들의 군침을 돌게 하지만, 트럭의 검게 그을린 그릴을 보면 다소 위생이 걱정된다.

여행하는 치킨 트럭 '유랑 치킨'은 앞서 제안한 치킨 트럭과는 비즈니스 모델이 다르다. 푸드트럭에서 치킨을 판매한다는 점에서는 유사해 보이지만, 늘 같은 자리에서 만날 수 없다는 것이 가장 크게 다르다. '유랑'이라는 단어는 일정한 거처 없이 떠돌아다니는 것을 말한다. 무언가에 얽매이지 않는 자유로움을 상징하면서도 정기적인 수입이 없는 빈곤의 상태를 연상시키는 양극단의 이미지를 가진 재미있는 단어다.

우리의 유랑 치킨도 일정한 거처를 두지 않는다. 그래서 보통의 치킨집처럼 지역 주민을 단골로 만들기 위해 노력하지 않아도 된다. 유랑 치킨은 매일 또는 주 단위로 트럭이 정차하는 장소가 바뀐다. 동에 번쩍, 서에 번쩍, 남에 번쩍하며 전국의 축제와 행사에 나타나고, 주말에는 여행지 등에서 출몰하기도 한다. SNS를 통해 전국의 축제 소식이나 여행지 소식을 올리고, 유랑 치킨이 그곳에 등장할 것임을 알리는 방식이다.

전국을 누비는 유랑 치킨

고객과의 SNS 소통이 유랑 치킨의 핵심

2014년에 개봉한 영화 〈아메리칸 셰프〉는 푸드트럭으로 재기하는 셰프의 이야기를 담고 있다. 먹음직스러운 쿠바 샌드위치의 비주얼과 유쾌한 스토리가 인상적인 영화다. 이 영화의 모티브는 한국식 타코 트럭 'Kogi'로 미국 푸드트럭 신화를 이룬 한국계 미국인 '로이 최'다. 그의 푸드트럭은 경계를 허무는 신선한 레시피로도 유명했지만 트위터로 트럭의 위치와 이동 경로를 알려주는 독특한 비즈니스 모델이 유명세에 한몫을 톡톡히 했다.

우리의 '유랑 치킨'도 이와 비슷하다. 오늘은 어디로 갈지 SNS를 통해 예고하고, 판매 현장을 실시간으로 공개한다. 여기에서의 핵심은 SNS가 단순히 치킨 트럭을 홍보하는 데에만 활용되지 않는다는 점이다. 유랑 치킨의 SNS는 여행하는 기분을 느낄 수 있게 전국의 아름다운 낮과 밤을 공유한다. 여행 가고 싶은 사람들은 대리만족을 위해 팔로워가 될 것이다. 팬심으로 형성되는 '팬덤 비즈니스'의 양상과도 같다. 고객과의 관계는 치킨이 아닌 여행으로 맺어진다. 그렇게 여행이라는 키워드로 연결된 고객은 유랑 치킨이 어느날 그 고객이 있는 지역으로 이동했을 때 자연스럽게 우리의 열혈 고객이 된다.

고객을 유랑 치킨의 팬으로 만드는 방법

섬나라 페로의 리모트 투어 화면

The last virtual tour was held on 17 June 2020.

A huge thank you to all who have taken part in one or more of our 22 virtual tours.

If you want to view recordings of the live tours, please visit Visit Faroe Islands' Facebook page.

출처 : 리모트 투어 홈페이지

　최근 코로나19의 영향으로 나들이가 자유롭지 않게 되면서 방구석에서 동영상으로 가이드의 설명을 듣는 '랜선 투어'가 흥행했다. 사람들은 직접 여행하지 못하는 아쉬운 마음을 랜선으로라도 달랬던 것이다. 이보다 일찍 재미있는 실험에 도전한 작은 섬나라가 있다. 어디에 있는지도 잘 몰랐던 섬나라 페로(faroe)에서 벌어진, 이름만으로도 벌써 흥미로운 '리모트 투어(remote tour)'. 페로 제도의 관광청은 코로나19 때문에 외부인의 섬 출입이 통제되자 새로운 원격 관광 도구를 만들어 버렸다. 현지인이 실시간 비디오카메라를 장착하고 페로의 아름다운 풍경을 보여주는 것이다. 여기에서 그치지 않고 전 세계의 여행자들은 모바일이나 PC의 조이패드로 현지인을 아바타처럼 조종한다. 방향을 바꾸거나, 걷거나, 점프하게 해서 페로의 산을 탐험하고 원하는 만큼 가까이에서 폭포를 볼 수도 있다. 물론 누가 봐도 무리한 지시는 현지인에게도 거부할 권리가 있다.

최근에는 이러한 랜선투어 뿐만 아니라 자신의 인형이 대신 여행을 가는 '인형 투어' 상품까지 등장했다. 인터파크 투어에서 출시한 '토이스토리-내 최애 인형이 대신 여행을 간다' 상품은 채팅 어플을 통해 실시간으로 인형의 여행 과정이 공유되어 여행의 기분을 대리 만족할 수 있다. 실제로 오픈 당시 하루 만에 131명의 고객이 예약했으며, 첫 라이브커머스 방송에서는 3,000명 이상의 시청자가 접속했다. 이는 유랑 치킨을 통해서도 얼마든지 시도해 볼 수 있는 아이디어다. 특정 지역을 예고하고 유랑하는 방식으로 운영하면서 지역마다 다른 고객의 애착 인형을 동행하여 여행 인증샷을 SNS에 올려주는 것이다. 그러면 좀더 많은 열혈 고객을 확보할 수 있지 않을까?

이렇게 팬심을 형성하고 나면 향후 유랑 치킨의 방향성도 잡힌다. 초기에는 고객을 모으고 일정한 수익을 만들기 위해 전국의 축제를 중심으로 유랑할 수밖에 없다. 하지만 향후 고객들과의 유대감이 형성되는 무렵부터는 고객이 요청하는 곳으로 이동한다. 예를 들어, 열혈 고객 중 누군가가 우리 아파트에도 나타나 달라고 사연을 게시했는데 다수의 추천을 받으면 유랑 치킨은 그 지역을 예고하고 방문한다. 이름처럼 전국적으로 수요가 있는 곳을 유랑하며 고객을 만나는 것이다.

유랑 치킨이 지속가능하기 위해 해결해야 할 과제 2가지

낭만이 가득해 보이는 유랑 치킨은 안타깝게도 아직 현실적으로 넘어야 할 산이 높다. 세상에 없던 스타트업들의 발목을 붙잡는 규제 이슈와 치킨 메뉴에 대한 근본적인 고민이 바로 그것이다. 이 두 가지 과제를 해결할 방안에 대해 함께 고민해보자.

첫 번째로 푸드트럭은 이동하면서 영업하려면 허가가 필요하다. 국내에서는 2014년부터 푸드트럭의 합법적 영업이 가능해졌다. 하지만 기존 상권을 파괴한다는 입장과 부딪치면서 2016년 영업허가 구역인 '푸드트럭 존'을 만들어 해당 지역 안에서만 위치를 이동하며 영업할 수 있도록 법이 개정되었다. 주로 푸드트럭 존은 도시공원, 하천부지, 관광지 등에 있으며 영업 전 모집 공고에 응모하여 영업 계약을 체결해야 한다. 유랑 치킨은 여행이 중요한 키워드이므로 전국의 축제 정보를 활용할 필요가 있다.

냄새로 유혹하고 비주얼로 지갑을 열게 만드는 길거리 음식들은 축제의 백미다. 물론 축제에서 음식을 팔기 위해서는 사전에 축제를 준비하는 단체와의 협의가 중요하다. 축제나 행사를 개최할 때 자치단체에서 사전 공고를 하면, 푸드트럭 업체가 신청을 하고 계약이 체결된 후 영업장소 이동을 신고하는 방식이다. 자릿세 혹은 참가비 명목의 비용을 지불해야 할 수도 있다.

두 번째로 축제나 여행지의 특성을 고려한 메뉴 개발이 필요하다. 치킨 메뉴의 고전은 역시 바삭한 프라이드치킨과 매콤달콤하고 새빨간 양념치킨이다. 프라이드와 양념 둘다 호불호가 적어 실패할 위험이 낮고 무난하게 잘 팔린다. 하지만 유랑 치킨에서는 이러한 고전적인 메뉴를 탈피할 필요가 있다. 주식으로 매일 쌀밥과 김치를 찾는 사람이라도 여행지에 가서까지 굳이 쌀밥을 찾겠는가. 축제나 여행지의 특성을 고려해 먹기 쉽고 후각과 시각을 자극하는 메뉴 개발이 필요하다. 매장이나 집에서 치킨을 먹을 때와는 달리, 야외에서는 포크나 개인 접시 같은 도구를 사용하기 어렵다. 손을 씻기 어려운 상황도 많다. 그 때문에 뼈를 바르지 않고 한입에 먹을 수 있는 닭강정류의 메뉴를 선호할 가능성이 높다. 여기에 화려한 비주얼과 강렬한 맛까지 더해지면 더할 나위가 없다. 전국의 유명한 푸드트럭들이 내놓은 음식의 공통점이 무엇인지 비교해보면 아마 우리는 그 답을 쉽게 찾을 수 있을 것이다.

자리를 이동하며 장사한다는 것은 생각보다 더 정신적, 체력적으로 고된 일이다. 하지만 날마다 여행한다는 생각으로 새로운 사람들과의 만남을 즐길 수 있다면 자발적 유목민의 삶이 새로운 기회가 되어 줄 것이다.

혼자 사는 치킨 러버 모여라,
2명이 모이면 반 마리가 배달된다

1인 가구가 치킨을 시켜 먹으려면 약간의 전략이 필요하다. 치킨 한 마리를 앉은 자리에서 다 해치울 수 있는 위 대(大)한 사람이 아니라면 남은 치킨을 어떻게 할 것인가를 고민하지 않을 수 없다. 보통은 전략적으로 금요일이나 토요일 저녁에 치킨을 시켜 먹고, 남은 치킨은 그 다음날 즉, 약속이 없는 주말의 늦은 아침이나 점심에 먹는다. 조금 처량해보이긴 하지만 식은 양념치킨은 그 나름의 맛이 있다. 프라이드치킨을 주문했다면 남은 건 냉동실에 넣어뒀다가 에어프라이어에 돌려 먹는 전략도 가능하다. 양념치킨은 에어프라이어에 돌리면 양념이 타 버리기 때문에 이 전략에서는 피하는 게 좋다.

아니 치킨 한 마리 시켜먹는데 무슨 저런 고민까지 하냐며 웃어

넘길 사람도 분명 있겠지만 혼자 여러 해를 살아온 1인 가구라면 한 번쯤은 고민해봤을 법한 상황일 것이다. 한 설문에서는 1인 가구의 삶이 불편한 이유에 대해 많은 이가 '혼자 있는 시간은 늘어났는데 혼자 할 수 있는 서비스가 없거나 혼자 하려면 돈을 더 내야 하는 점'을 꼽았다. 혼자인 것도 서러운데 돈도 더 부담해야 한다니 마음이 짠해진다.

1인 가구를 위한 치킨 서비스는 이미 시작되었다

1인 가구가 늘고 있다는 기사가 쏟아지는 요즘, 시대적 변화를 의식했는지 치킨 업계도 드디어 1인 가구의 설움을 도닥여 줄 '반 마리' 주문의 시대를 열었다. 배달 앱에서 '치킨 반 마리' 키워드를 검색하면 내 주변의 수많은 치킨 매장이 선택지로 떠오른다. '반 마리'라는 군더더기 없는 용어를 사용한 업체가 있는가 하면 '혼족 세트' '혼닭' 등 재치 있는 신조어로 서비스하는 업체들도 보인다. 치킨은 무조건 한 마리 단위로만 주문이 가능하던 예전에 비하면 1인 가구의 위상이 얼마나 높아졌는지 새삼 피부로 느껴진다. 물론 아직 모든 브랜드와 모든 메뉴, 모든 매장에서 반 마리 주문이 가능한 것은 아니다. 특정 메뉴에만 적용되거나, 같은 브랜드라고 하더라도 정식 메뉴로 채택이 되지 않아 일부 매장에서만 반 마리 서비스를 제공하는 경우도 있다. 또한 가격은 한 마리를 반으로 나눈 것보다는 조금 비싸다. 이처럼 반 마리 서비스의 내막을 자세히 들여다보면 주문을 망설이게 된다. 가장 큰 원인은 최근 뜨거운 감자로 떠오르고 있는 '최소 주문 금액'과 '배달비'이다.

'최소 주문 금액'의 불편한 진실

배달 앱이 없던 과거에는 치킨을 주문할 때 배달비를 걱정하지 않았다. 하지만 배달 앱이 익숙해진 현재는 거의 모든 주문에 팁이라고 표현되기도 하는 배달비를 내야 한다. 일반적으로 약 3,500~5,000원의 기본 배달료를 점주와 소비자가 나누어 낸다. 1건의 배달을 통해 라이더가 받는 배달비를 5,000원이라고 하면 2,000원은 소비자가, 나머지 3,000원은 업주가 내는 식이다. 여기에 비나 눈이 오는 등의 날씨, 심야 시간, 원거리, 명절 할증 등 다양한 상황에 따라 추가금이 붙으면 6,000~7,000원까지도 배달비가 올라간다. 간혹 소비자가 부담해야 할 배달비가 0원인 경우도 있는데 이런 경우에는 업주가 배달비를 모두 부담하는 것이다. 배달비를 좀 더 부담하는 것은 경쟁 업체들 사이에서 살아남기 위한 방법 중 하나다. 이러한 배달료 지급 구조는 일정 금액을 넘겨야만 배달이 가능한 '최소 주문 금액'이라는 것도 만들어 냈다. 고객과 나눠 내는 것이라도 너무 적은 금액의 주문은 업주에게 부담이 되므로 이윤이 남는 마지노선을 정하는 것이다.

혼자 사는 치킨 러버 모여라, 2명이 모이면 반 마리가 배달된다

치킨 업계는 대부분 치킨 한 마리를 기준으로 '최소 주문 금액'을 설정하고 있다. 그렇기에 '반 마리' 치킨 메뉴가 있더라도 '최소 주문 금액'을 넘기지 못해 사이드 메뉴를 추가로 주문해야 하는 상황이 벌어진다. 치킨 한 마리를 다 먹는 것이 부담스러워서 반 마리를 주문하려는 사람에게는 이 또한 부담스러운 일이 아닐 수 없다. 이럴 바에 그냥 한 마리를 주문하고 말지 싶다. 그래서 치킨 반 마리를 주문했다는 후기에는 유독 방문 포장했다는 이야기가 자주 보인다. 배달비도 아끼고 최소 주문 금액의 함정에서도 빠져나올 수 있는 방법이다. 아직은 1인 가구를 위한 치킨은 생겼지만 1인 가구를 위한 배달 서비스는 없는 게 현실이다.

같은 동네 사시네요, 닭 한 마리 나눠 먹어요

치킨 반 마리는 직접 포장해 가거나 '최소 주문 금액'에 맞춰 추가 메뉴를 주문하는 선택 밖에는 할 수 없는 걸까.

이대로 포기하기엔 이르다. 로컬이라는 거리적 특성을 잘 활용하면 1인 가구도 진정한 치킨 반 마리를 즐길 수 있는 시대가 열린다. 고객을 통해 완성되는 '1/2 닭 공동 주문' 서비스를 통해서다.

'1/2 닭 공동 주문' 서비스는 동네 주민과 닭 한 마리를 나눠 먹는다는 것을 전제로 한다. 동시에 주문하고 반 마리씩 배달 받는 방식이다. 사장님 입장에서는 치킨 한 마리를 판매하는 것과 크게 다르

<공동 배달 구역>

지 않고 고객은 '최소 주문 금액'의 부담에서 벗어날 수 있다. 대신 2명이 모여야 주문이 들어가고, 집이 아닌 집 근처의 '공동 배달 구역'에서 함께 치킨을 픽업해야 한다. 귀찮음은 있지만 치킨집까지 직접 가는 것보다는 더 가깝고, 배달비도 두 명이 나눠 내기 때문에 반값이다. 문 앞을 나서는 조금의 불편함이 경제적인 이익으로 돌아오는 구조다.

예를 들어, A군이 1/2 닭을 주문하려고 한다면 그는 2가지 선택을 할 수 있다. 자신의 집 근처에 공동 배달 구역을 지정하고 누군가 매칭되기를 기다리거나, 이미 누군가 먼저 주문하고 매칭될 사람을 기다리고 있는 공동 배달 구역 중에서 자신의 집과 가장 가까운 곳을 선택하는 것이다. 전자의 경우 자신에게 유리한 곳에 배달 구역을 설정할 수 있는 지리적 이점을 갖는 대신에 닭을 나눠 먹을 누군가가 나타나기를 기다려야 한다는 단점이 있다. 반대로 후자의 경우는 선택하는 즉시 주문이 완료되어 빠르게 치킨을 받아볼 수 있지만, 자신의 집에서 가까운 공동 배달 구역을 찾기 어려울 수 있다는 단점이 있다. 물론 운이 좋은 경우 아주 가까운 곳에 공동 배달 구역이 있을 수도 있다. 특히 기숙사나 1인 가구가 많은 원룸촌에 사는 사람이라면 치킨 한 마리를 나눠 먹을 짝꿍을 찾는 일은 그다지 어려운 일이 아닐지도 모른다.

치킨집 사장님은 이 서비스를 운영할 때 주의해야 할 점이 있다. 공동 배달 구역에 배달원이 먼저 도착한 경우 기다리는 시간을 최대 몇 분까지 허용할 것인가 하는 것이다. 함께 주문한 두 사람이 모두 제 시간에 기다리고 있다면 문제가 되지 않겠지만 한 사람이라도 늦는 경우 배달원은 시간을 낭비하게 된다. 그 때문에 5분 또는 10분 이상 기다려도 나타나지 않으면 공동 배달 구역에 그냥 두고 가거나, 기다려 달라고 요청한 경우에는 배달원에게 현금으로 추가 배달비를 지불하는 등의 페널티를 사전 고지해야 한다.

1/2 닭 공동 주문 서비스가 활성화된다면 인기 있는 '공동 배달 구역'에는 보온 기능을 가진 '공동 치킨 바구니'를 설치할 수도 있다. 그러면 고객이 조금 늦게 나오더라도 바구니에서 식지 않은 치킨을 픽업할 수 있을 것이다.

꿈 같은 희망일 수도 있지만 1/2 닭이 현실화 된다면 매칭된 동네주민끼리 친해지는 기회가 될 수도 있다. 혹은 일종의 블라인드 소개팅처럼 누가 내 반쪽 닭을 가져갈지 두근거리는 마음으로 주문하게 되지 않을까 상상해 본다.

 같은 동네 사시네요, 제가 배달해 드릴게요

앞에서 다룬 건 최소 주문 금액을 채워 배달을 이용하던 사람들을 위한 방법이었다면, 이번엔 닭 반 마리를 직접 포장해가던 사람들을 위한 '1/2 닭 동네 배달' 서비스를 제안한다. A군이 반 마리 치킨을 포장하러 갔을 때 집 근처에 1/2 닭을 원하는 동네 주민이 있

혼자 사는 치킨 러버 모여라, 2명이 모이면 반 마리가 배달된다

<1/2 동네 배달 서비스>

#집앞치킨집

#치킨집사장

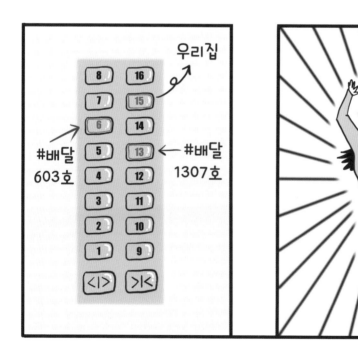

다면 함께 픽업해서 전달해 주는 방식이다. 예를 들어, A군이 치킨 반 마리를 포장해 가려고 마음 먹었다면 '1/2 닭 동네 배달' 리스트에 시간과 배달 가능한 구역을 등록해 놓는다. 동네 주민이 리스트에서 A군을 선택하면 치킨 한 마리가 주문이 들어가고 반 마리씩 포장된다. A군은 자신의 치킨을 픽업하러 가는 길에 동네 주민에게도 치킨을 배달한다. 이때 동네 주민이 내야 하는 배달비는 A군이 받게 된다. 즉 A군은 1/2 닭의 고객임과 동시에 배달원이 된다. 사장님 입장에서는 치킨 한 마리를 파는 것과 같은 효과를 낼 수 있고, A군은 배달비를 챙길 수 있다. 동네 주민은 A군 덕분에 반 마리만 주문하고도 최소 주문 금액의 부담에서 벗어날 수 있으니 이 얼마나 모두에게 효율적이고 행복한 결론인가. 물론 A군의 경우, 타인의 집에 들러야 한다는 귀찮음이 발생하긴 하지만 배달비를 벌 수 있다. 운이 좋다면 옆집 문을 두드리는 수고 한 번으로 치킨을 더 저렴하게 먹을 수 있을지도 모른다.

1/2 닭 배달 서비스를 활성화하려면

앞에서 제시한 1/2 닭 배달 서비스 2가지는 모두 근거리에 있는 사람들의 매칭으로 서비스가 완성된다. 때문에 많은 고객이 비슷한 시간대에 치킨을 주문해야 활성화될 수 있다. 고객이 많지 않은 초기에는 특정 요일과 시간대를 정해 서비스를 운영하면 참여자

혼자 사는 치킨 러버 모여라, 2명이 모이면 반 마리가 배달된다

가 많아 보이는 효과를 낼 수 있다. 예를 들어, 금요일과 주말 저녁 6~10시 사이에만 서비스를 운영하는 것이다. 또한 '공동 배달 구역'은 사람들이 접근하기 좋고 눈에 잘 띄는 장소 몇 곳을 미리 설정해 두는 것이 좋다. 초기에는 그 장소에서만 공동 배달이 이루어지도록 운영하면 고객들이 더 안정적으로 접근할 수 있을 것이다.

'동네 배달' 서비스는 고객을 배달원으로 참여시켜야 하므로 서비스 활성화를 위해 직접 픽업해서 배달해주는 고객에게 배달비를 좀더 많이 지급하는 이벤트를 진행할 수도 있다. 일반적인 배달 앱 주문 건과 달리 치킨집 사장님은 배달비를 내지 않는다. 이렇게 절감한 배달비를 '동네 배달' 서비스의 고객이자 배달원에게 일부분 지급한다면 고객들의 참여도와 만족도는 더욱 높아질 것이다.

1인 가구를 위한 서비스는 앞으로 계속해서 늘어날 것이다. 1인 가구가 많이 거주하는 지역에서 치킨집을 오픈하기로 했다면 보통의 치킨집이 제공하지 않는 1인 가구를 유혹할 아이디어가 필요하지 않을까.

드론 치킨 배달

우리나라만큼 배송, 배달이 빠른 나라가 있을까? 오전에 상품을 주문하면 오후에 배송해 주는 당일 배송도 모자라, 밤에 주문하면 새벽에 배송해 주는 '새벽배송'까지 일상화되었다. 상품 배송뿐 아니라 음식 배달에서도 속도 경쟁이 치열하다. 심지어 배달 앱에서는 분단위로 배달 상태를 알려 주기도 한다. 2021년 8월, 국내 빅데이터 기업 아이지에이웍스의 모바일인덱스에 따르면 쿠팡이츠는 '치타배달'을 내세우면서 고객수를 급격히 늘려 2021년 7월 기준 월활성이용자수가 약 526만 명이었다. 이는 1년 전(약 80만 명) 대비 무려 6.5배 늘어난 수치이다. 게다가 2021년 6월부터는 배민도 쿠팡과 비슷한 '단건 배달'을 도입함으로써 '더 빠른 배달'을 위한 속도 경쟁을 가속화하고 있다.

이처럼 배송과 배달을 더 빨리 하기 위한 경쟁은 지속될 것이다. 그렇다면 현재보다 배달 시간을 더 단축할 수 있는 방법은 뭐가 있을까? 금요일 저녁에 교통 체증과 상관없이 배달을 신속하게 할 수 있고, 인적 드문 산속의 펜션에 차가 없어도 맛있는 치킨을 배달할 수 있는 방법이 있다. 바로 드론을 이용한 배달이다.

강남의 맛집 치킨을 상암에서 10분 만에!

음식을 주문할 때는 보통 동네에 있는 곳에서만 가능하다. 너무 먼 거리까지 배달하면 하루에 배달 가능한 곳이 줄어들고 배달 회전율이 낮아지기 때문이다. 하지만 드론을 이용하면 시간을 현저하게 줄일 수 있다.

상암에 사는 고객이 강남에 있는 치킨 맛집에서 주문한다고 가정해 보자. 오토바이로 배달시, 주문도 안 밀리고 교통체증도 없을 경우 빠르면 40분 정도가 걸린다. 하지만 드론으로 배달하면 약 12분

상암에서 강남까지 배달 수단에 따른 거리와 시간 비교

배달 수단	속도	이동거리	이동시간	기타
오토바이	30~60km/h	19.4km	약40분	교통 체증, 노면 상태에 취약
드론	약 70km/h	9.5km	약12분	교통 체증, 노면 상태에 영향 없음

이면 충분하다. 드론 배달은 하늘을 이용한 직선거리로 배달을 하기 때문에 도로를 이용하는 것보다 절반 정도의 거리만 이동해도 된다. 물리적인 거리 자체가 줄어드는 것 외에도 현재의 오토바이나 킥보드 배송과 달리 교통 체증이나 노면 상태에 영향을 받지 않아서 배송 시간을 단축시킬 수 있다.

치킨의 민주화! 섬이나 산에서도 맛집 치킨을!

드론 배달은 도시보다 섬이나 산처럼 자동차, 오토바이가 가기 힘들거나 시간이 오래 걸리는 지역으로 배달할 때 더 큰 위력을 발휘한다. 지형, 지물의 영향을 받지 않는 상공으로 배달하기 때문에 제약 없이 더 많은 곳으로 배달이 가능한 것이다. 산속에서 도시의 치킨을, 섬에서 육지의 치킨을 먹을 수 있다. 2019년 11월 전남 고흥에서 득량도 마을회관까지 우편물 드론 배송이 성공했다. 집배원이 직접 배를 타면 몇 시간을 이동해야 하는 거리를 드론은 단 수십 분 만에 배송한 것이다.

치킨도 마찬가지다. 예를 들어, 강화도에서 연평도까지 치킨을 배달하려면 하루에 단 4번 뜨는 연평도행 배를 타고 4시간에 걸쳐 이동해야 된다. 비행기로 배달을 한다 하더라도 배달 비용이 몇 배로 들 것이다. 하지만 드론을 이용하면 1시간(시속 약 70km) 안에 배달을 완료할 수 있다. 섬뿐만 아니라 산, 계곡, 심지어 이동 중인 배처럼 배달이 어려운 곳까지 모두 가능하다. 한마디로 '치킨의 민주화'이다. 인터넷이 누구나 필요한 정보를 얻을 수 있도록 정보의 민주화를 이루어냈다면 드론 배달은 누구나 어디에 있더라도 치킨을 먹을 수 있도록 치킨의 민주화를 실현시킬 것이다.

산 정상에서 양념치킨 시켜먹기

드론 배달이 가장 위력을 발휘하는 곳 중 하나는 산 정상이다. 산 정상에서 갓 튀긴 양념치킨을 먹는 상상을 해본 적이 있는가? 4시간 동안 힘들게 등산하고 나서 산 정상에서 먹는 치킨의 맛은 아마 상상조차 하기 힘든 꿀맛같은 경험일 것이다. 도심지에서는 오토바이나 자동차 배달 등 인프라가 잘 되어 있지만 산속은 애초에 배달이 불가능하기 때문에 오히려 도심지보다 만족감이 더 크다. 도심지보다 산악 지역에서 먼저 실증을 해야 할 이유가 바로 여기에 있다.

북한산 입구에서 정상까지 배달 수단에 따른 거리와 시간 비교

배달 수단	이동거리	이동시간	기타
직접 배달	4km	3시간 30분	정상까지 가는 동안 다 식어버림
드론	3km	최대 3분	갓 튀긴 치킨을 따뜻하게 먹을 수 있음

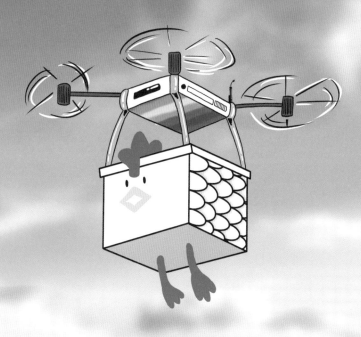

아파트 발코니에서 치킨 받기

도심지에서는 어디부터 드론 배달을 시작하는 게 좋을까? 가장 현실적이면서도 실용적으로 실현해볼 수 있는 지역은 아파트이다. 우리나라는 아파트가 전체 주거 형태의 약 70%를 차지하고 있다. 아파트에서 배달을 시키면 아파트 상가나 인근 치킨집에서 직접 드론 배달이 가능하다. 다만 드론으로 배달하기 때문에 엘리베이터가 아니라 발코니 창문을 이용해야 하며, 발코니나 창문에는 안정적인 드론 이착륙 시스템이 필요하다.

다음은 기존에 나와 있는 이착륙 시스템의 특허이다. 이 방식대로 발코니에 장치를 설치하면 굳이 배달부가 직접 올 필요 없이 배달이 가능하다. 이런 형태의 드론 배달은 크게 3가지 장점이 있다. 첫째, 고객은 따뜻한 치킨을 빨리 먹을 수 있다. 배달 시간이 줄어들어 갓 조리한 치킨을 먹을 수 있는 것이다. 주문 하고 나서 음식을 가능한 한 빨리 받고자 하는 것은 고객의 기본적인 니즈이다. 둘째, 치킨집 사장님은 배달부를 고용하는 비용을 줄일 수 있다. 사람이 직접 배달을 갈 필요가 없고 가게에서 드론에 달려있는 카메라를 보면서 조종하면 된다. 배달부 대신에 드론을 조종할 수 있는 사람이 있어야 하지만, 시간적 효율 면에서 오토바이 배달보다 드론 배달이 더 좋기 때문에 장기적으로는 배달부 고용 비용을 줄일 수 있을 것이다. 셋째, 배달 시간을 줄임으로써 매출을 올릴 수 있다. 배달 시간이 줄면 더 많은 배달이 가능하다. 치킨집이 아파트 주변에 있다고 하더라도 보통 배달 시간이 10~20분이 넘지만 드론을 이용하면 5분 이내에 배달이 되기 때문이다.

드론 이착륙 시스템 및 그 운용 방법

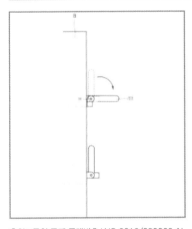
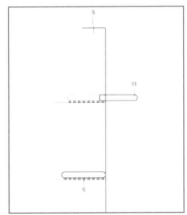

출처 : 특허 국제 공개번호 WO 2016/089066 AI

드론 치킨 배달

🐣 드론 배송의 현실화를 위하여

드론 배송, 배달의 가장 큰 장벽 중 하나는 현재 항공법의 규제를 받고 있다는 점이다. 아직 서울 시내에서는 드론을 날릴 수 있는 공간이 제한적이고 그마저도 사전 승인을 받아야 한다. 드론의 짧은 비행 시간, 악천후에 대한 대응, 낙하 위험 등 아직 안전성과 관련한 변수가 많기 때문이다. 하지만 드론 배달을 위한 가능성은 증가하고 있다.

2020년 9월 19일, 국토교통부에서는 코로나19로 인한 비대면이 일상화되고 있는 상황에서 선제적 대응을 위해 드론 활용 음식 배달 실증을 실시했다. 아파트 내 드론 비행을 위해서는 지자체와도 협의해야 하고 아파트 주민 대표, 관리사무소와도 협의가 필요할 것이다. 잘 된다면 지역 상권 상생과 아파트 주민의 편의성 상승이

드론 배달 세부 내용

순서	사업자	배달물품	출발지	고도	속도
1	(주)엑스트론	마스크 & 손세정제	세종시청 앞	50m	5m/s
2	피앤유드론	햄버거 세트	나성동 주차장 공터	80m	8m/s
3	피스퀘어1	치킨 세트	세종시청 앞	45m	5m/s
4	피스퀘어2	박카스 젤리	세종시청 앞	45m	6m/s
5	(주)두산	마카롱	나성동 주차장 공터	80m	4m/s

출처: 《로봇신문》, 〈국토부, 드론 활용 음식배달 실증 시연 실시〉, 2022. 09. 20.

이뤄질 듯하다. 도심지 드론 배달 실증을 한 만큼 아파트부터라도 시범적으로 시도해볼 수 있지 않을까?

치킨집 사장님들은 오토바이와 배달부 대신에 드론과 드론 배터리 충전기, 그리고 드론 조종수를 준비해야 할 것이다. 드론 배달이 상용화가 되면 치킨집 앞에 오토바이 대신 드론과 드론 배터리 충전소가 줄지어 있을 것이다. 앞으로는 아르바이트생을 뽑으려면 원동기 운전 면허증이 아닌 드론 조종 면허증을 확인해야 할지도 모른다.

배터리 지속 시간과 포장 용기의 진화

드론 배터리 수명도 개선되어야 할 것이다. 2017년 IHS 마킷 연구에 따르면, 드론의 50%가 배터리 지속 시간이 30분 정도라고 한다. 30분 정도로는 배달 지역에 한계가 많기 때문에 배터리의 지속 시간은 꾸준히 개선되어야 한다. 그리고 음식을 따뜻한 상태로 유지시켜 줄 수 있는 포장 용기도 진화할 것으로 예상된다. 오토바이 배달만 생각해봐도 예전에는 무조건 비닐로 씌운 그릇을 철가방에 넣은 형태였지만 최근에는 완전한 밀봉으로 외부의 영향을 덜 받고 국물도 안 쏟아지게 하는 다양한 용기들이 나오고 있다. 치킨은 다행히 국물처럼 쏟아질 염려가 없어 배달에 큰 어려움이 없겠으나, 고속 이동이나 악천후에 대비한 특수 포장 용기가 개발되어야 할 것이다.

언제쯤 드론으로 치킨 배달이 가능할까?

2020년 8월, 아마존이 미국 연방항공청(FAA)으로부터 배송용 드론 '프라임 에어'에 대한 운항 허가를 받았다. 아마존은 배송용 드론에 대한 안전성을 입증했고 인구 밀도가 낮은 곳에서 약 2.3kg 이하 소포만 배송하겠다고 밝혔다. 아마존 프라임 에어 카본 부사장은 "30분 배송이라는 아마존의 비전을 실현하기 위해 FAA 및 전 세계 규제 당국과 협력하겠다"라며 자신감을 내비쳤다. 아마존뿐 아니라 이미 구글 모회사 알파벳이 2019년 4월에, 물류업체 UPS가 2019년 10월에 FAA로부터 승인을 받아 배송의 혁신을 앞당겼다.

국내 사정은 어떨까? 국토교통부는 2020년 안전사고 없이 9,700회의 드론 실증 비행을 완료했다고 밝혔다. 또한 2021년 3월 발표 자료에 따르면 부두와 선박을 오가는 경량화물에 대해 드론 배송 상용화를 준비하고 있고, 전국 33개 구역에 드론 특별 자유화 구역을 지정했다고 한다. 지난 2021년 4월에는 '해양드론기술' 업체가 육지에서 선박으로 피자 배달을 성공시켰다.

GS칼텍스는 2020년 6월, 주유소 편의점 기반 드론 배송 시연 행사를 개최하기도 했다. 2022년까지 도서·산간 중심으로 시범 운영 후 2023년부터 서비스를 시작하고, 2025년부터는 도심지로 서비스를 확대할 계획이다.

이처럼 현재 드론 배송 및 배달은 비즈니스 모델 발굴 등 사업화에 대한 니즈가 커서 의외로 빨리 상용화가 될 수도 있다. 정부 계획으로는 도서·산간부터 도시 외곽, 도심지 순으로 드론 배송이 먼저 상용화가 된 후 배달로 확대될 것으로 보인다. 2~3년 안에 드론이 배달하는 치킨을 맛볼 수 있길 희망한다.

집필후기 **3** 이재경

B급 회사원이
A급 치킨집 사장이 되려면

나는 B가 좋았다. 적당한 투입으로 얻어지는 나쁘지 않은 결과물 B. 나의 노력은 항상 B 어디쯤을 향했다. B는 가장 노력 대비 성과가 높은 점수였고, 나는 큰 노력없이 얻어지는 이 적당한 성과에 만족하며 살았다. 어느 날, 옆자리 팀원이 물었다. "지금 당장 회사 밖으로 나가면 얼마를 벌 수 있을 것 같아?" 평범한 월급쟁이는 회사 밖을 나가는 순간 돈을 벌 수 있는 그 어떤 재주도 없다. 가진 것이라곤 퇴직금이라는 약간의 자본뿐이니 가게를 차리는 것만이 유일한 방법인 듯했다. 퇴직자의 1순위 창업 업종이라는 치킨집 말이다.

평범한 회사원이 치킨집 사장이 된다고? 창업에선 대박과 쪽박만이 존재할 뿐, 중간은 없어 보인다. 그렇다. 치킨집 창업이 정해진 수순이라면 지금과는 다른, 아주 치열한 삶을 살아야 살아남을 수 있을 것이다. 그렇게 남들과는 다른 치킨집 창업을 위해 머리를 쥐어짜며 고민하기 시작했다. '지금까지 이런 맛은 없었다. 수원 왕갈비 통닭'처럼 특별한 한방이 필요했다.

4장

매장개벽

기존 치킨 매장의
개념을 완전히 바꿔라

무인 치킨 주방,
누구나 손쉽게 만드는 치킨

　최근 음식점이나 마트, 영화관 등에서 키오스크로 주문하는 장면을 심심치 않게 목격한다. 불과 몇 년 전까지만 해도 키오스크 앞에서 점점 작아지는 나를 발견할 때마다 대체 나이드신 분들은 어쩌라는 거냐며 괜히 무안함을 사회 비판으로 포장하곤 했다. 하지만 이제는 이런 변화도 어느 정도 익숙해졌는지 상대적으로 한산한 무인계산대를 찾는다. 그렇게 걱정하던 나이드신 분들도 키오스크를 곧잘 사용하는 분위기다.

　키오스크의 대중화는 무인 스터디카페, 무인 코인노래방, 무인 빨래방, 무인 아이스크림점 등과 같은 무인 매장의 대중화와도 연결된다. 무인화 매장은 인건비를 줄여 수익을 높이는 중요한 창업 테마로 사장님은 비용 절감을, 고객은 직원의 눈치를 보지 않고 편하게 구경할 수 있다는 강력한 장점을 가지고 있다.

이는 자영업에만 해당되지 않는다. 현대차는 차량을 편하게 볼 수 있도록 야간 무인 매장을 열었고 LG전자는 가전을 편하게 구경하고 체험할 수 있도록 무인 LG베스트샵을 열었으며, LG유플러스는 스마트폰 체험 및 셀프 개통을 위해 무인 체험 매장을 열었다. 사람의 안내 없이 CCTV를 통해 출입을 관리하고 결제가 필요한 경우 무인 계산대에서 해결한다.

이보다 더 고도화된 무인화 사례로는 2018년 '노 라인즈, 노 체크아웃(No Lines, No Checkout)'이라는 슬로건을 들고 등장한 무인 매장 '아마존고'가 있다. 아마존고가 일반인에게 개방되었을 때 많은 사람이 부정적인 시선을 보냈다. 최첨단 기술이 집약된 공간에 대한 호기심보다 기술이 인간의 일자리를 빼앗아 갈 것이라는 막연한 두려움을 가졌기 때문이다. 게다가 어떤 설문에서는 아마존고를 체험한 과반수 이상의 고객들이 물건을 들고 바로 매장을 나서는 저스트 워크 아웃(Just Walk Out) 경험이 그다지 즐겁지 않았다고 보고했다. 수많은 카메라가 우리를 지켜보며 분석하고 있다는 압박감 때문이었을 수도 있고 혹은 계산을 해야 한다는 오랜 도덕적 관습이 불편한 기분을 느끼게 만들었을 수도 있다. 이러한 부정적인 시선과 우려에도 불구하고 점차 많은 글로벌 기업들이 제2의 아마존고를 만들어내며 무인화 트렌드에 열을 올리고 있다. 여기에 코로나19의 팬데믹 상황으로 '무인'이 '비대면' 니즈와 맞물렸고, 이제는 더이상

미룰 수 없는 과제가 된 것 같다.

2021년 9월, 국내에서도 한국형 아마존고인 이마트24의 완전스마트매장이 오픈했다. 결제 없이 그냥 들고 나가면 될 뿐만 아니라 응급상황, 고객 간 다툼, 기물 파손 등의 이상 상황을 감지하여 알려주는 기능까지 구현되었다고 한다.

그럼 치킨 업계에도 무인 매장이 곧 생기지 않을까. 현재 무인 매장은 아니지만, 로봇이 닭을 조리하는 치킨 브랜드가 생기긴 했다. 하지만 여전히 사람이 주문을 받고 재료를 준비하는 등 다양한 과정에 인력이 투입된다.

🐣 치킨집에도 무인화를 접목한다면

치킨집을 운영할 때 매장에서 인력이 투입되는 과정은 다음과 같다.

치킨 매장에서 인력이 투입되는 과정 5단계

1단계	2단계	3단계	4단계	5단계
치킨 주문	재료 준비	반죽	튀겨서 소스 입히기	포장
• 매장 대면 • 전화, 배달앱 대응	• 닭 손질 • 기름 교체 등	• 물 반죽 • 가루 반죽	• 소스 선택	• 매장 서빙 • 배달

무인화된 자영업은 대부분 사람의 역할이 크지 않거나 단순하여 기계로 대체하기 쉬운 사업에 접목된다. 반면에 앞 표에서 제시한 것처럼 치킨을 만드는 과정은 기계가 사람의 역할을 모두 수행하려면 꽤 높은 수준의 기술과 비용이 필요하다. 그 때문에 보통의 자영업자가 치킨집에 무인화 키워드를 접목하는 것은 쉬운 일이 아니다. 하지만 '무인 치킨점'이 아닌 인력이 필요한 대부분의 과정을 소비자가 직접 수행할 수 있도록 돕는 '무인 치킨 주방'이라면 가능하다. '무인 치킨 주방'은 고객이 직접 재료를 선택한 후 주방에서 치킨을 튀기고 소스를 입혀 포장해 갈 수 있도록 재료와 공간을 제공하는 서비스다.

무인 치킨 주방에서 나만의 치킨을 직접 만들어 보세요

무인 치킨 주방은 크게 마트 영역과 주방 영역으로 구분된다. 고객의 동선을 고려하여 매장의 가장 안쪽을 마트 영역으로 지정하고 식재료를 배치한다. 치킨의 기본 재료는 비교적 단순하다. 염지된 닭과 치킨 파우더만 있으면 된다. 고객의 손쉬운 결정을 위해 이 두 가지 기본 재료는 세트로 판매하고, 여기에 개인적 취향에 따라 다양한 치킨 소스와 간단한 사이드 메뉴인 가래떡, 감자튀김, 치즈스틱 등을 추가 선택할 수 있도록 한다.

먼저 고객은 냉장고에서 원하는 식재료를 꺼내 셀프 계산대에서

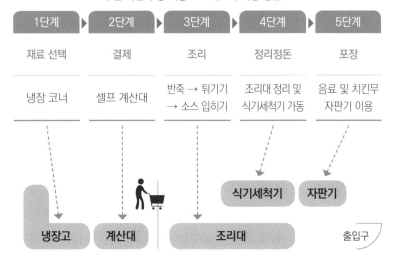

무인 치킨 주방 이용 프로세스와 매장 평면도

1단계	2단계	3단계	4단계	5단계
재료 선택	결제	조리	정리정돈	포장
냉장 코너	셀프 계산대	반죽 → 튀기기 → 소스 입히기	조리대 정리 및 식기세척기 가동	음료 및 치킨무 자판기 이용

비용을 지불한다. 결제된 식재료를 키친 영역으로 가져오면 본격적인 치킨 만들기 시작이다. 키친 영역에서는 치킨의 조리 방법과 주의사항을 영상이나 안내문으로 제공하여 누구나 치킨을 만들 수 있도록 돕는다. 조리대 쪽에서는 반죽 및 소스를 입히기 위한 도구와 튀김기를 제공한다. 조리 후에는 고객 스스로 식기세척기에 사용한 도구를 넣어 정리할 수 있도록 안내한다. 마지막으로 고객은 매장에서 제공하는 포장지에 치킨을 담아 매장을 나선다. 출입구 옆에는 음료수와 치킨무 자판기를 배치하여 고객이 간편하게 추가 구매할 수 있도록 한다.

도난이나 결제 오류 등의 사고를 방지하는 방법

기계가 곧 서비스인 코인 세탁소 유형의 무인점포와 달리 아이스크림이나 과자를 판매하는 무인점포의 경우 실수 혹은 악의적인 도난 사례가 종종 이슈화된다. 결제되지 않은 상품을 손에 들고 그대로 매장을 나선다고 해도 통제할 수 있는 장치가 없기 때문이다. CCTV를 통해 사후에 해결하는 것만이 방법이다. 하지만 CCTV만으로는 누가 다녀갔는지 확인하기 어려워서 그마저도 쉽지 않다. 이 때문에 최근 오픈하는 무인 편의점 등에서는 매장 입구에서 개인을 식별할 수 있는 QR코드나 신용카드를 인증한 후 입장이 가능하도록 하는 장치를 도입하고 있다. 그러면 재고가 맞지 않을 경우 CCTV를 통해 매장 안의 도난 현장을 확인하고, 신용카드 추적을 통해 적발하는 것이 가능하다.

도난이나 결제 오류 등의 사고를 완전히 막을 수는 없겠지만 '무인 치킨 주방'은 입구에서 신용카드로 매장 이용료 3,000원을 결제하면 문이 열리는 장치를 도입하여 리스크를 최소화한다. 기름을 사용하는 공간이라 어린아이들이 드나드는 것을 방지하기 위해서라도 휴대폰이나 카드를 통한 출입 인증은 유용하다. 입장 시 소정의 이용료를 징수하는 것은 식용유, 전기세, 가스비, 일회용 앞치마와 장갑, 포장 재료 등의 잡다한 비용을 합리적으로 해결하기 위함이다.

시나리오를 실현하기 위한 과제 : 안전과 위생

사실 무인 주방의 가장 큰 위험은 안전과 위생일 것이다. 특히 치킨의 특성상 뜨거운 기름을 사용해야 하기에 온도 등을 통제할 수 있는 설비를 갖추는 것이 중요하다. 최근에는 AI 또는 IoT 기술의 발달로 CCTV의 영상을 실시간으로 분석하여 화재와 같은 위험이 예상되는 행동이나 상황이 벌어졌을 때 알림을 주거나, 센서로 실내의 높은 온도를 감지하는 등 위험을 통제할 수 있는 기술들을 어렵지 않게 만날 수 있다. 이러한 기술로 무인 치킨 주방의 모든 안전 위험에 대비할 수는 없겠지만 최소화할 수는 있으리라 생각된다.

위생의 경우에도 가급적이면 문제가 발생할 경험 자체를 최소화시키면 좋다. 예를 들어, 모든 식재료의 포장은 처리하기 쉬운 비닐만을 활용하고 사용한 비닐은 뚜껑이 있는 쓰레기통에 버릴 수 있도록 동선을 만든다. 조리 도구는 식기세척기에서 사용 가능한 것으로 준비하고 조리대를 닦아내는 행주도 일회용을 활용한다. 이처럼 위생의 이슈가 생길 수 있는 상황들을 애초에 제거하려는 노력이 필요하다.

 ## 무인매장을 관리하는 방법 : 인력의 활용

도난, 안전, 그리고 위생에 대한 다양한 장치를 마련한다고 하더라도 완전한 해결은 어렵다. 그 때문에 매장에 상주하는 최소한의 인력을 두어 이러한 이슈를 통제하고 관리할 수 있도록 하면 좋다. 그들은 고객의 이용 빈도가 높은 시간대 직전에 재고를 관리하거나 안전장치 또는 위생의 이슈를 점검한다. 관리와 점검이 끝나면 CCTV로 매장 안의 운영 상황을 실시간으로 체크한다. 그 시간에는 부족한 재료를 주문하는 등의 소소한 운영 업무도 해낼 수 있다. 고객의 이용 빈도가 낮아질 시점에 다시 한번 매장을 점검하고 퇴근한다. 하지만 퇴근 후에도 모바일을 통해 CCTV나 각종 리스크에 대비한 알람 등을 확인하는 것은 여전히 사람의 역할이다. 다만 매장에 매여있는 사람의 수와 시간이 획기적으로 감소하기 때문에 무인화의 매력은 충분하다. 아무리 작은 동네 치킨집이라고 하더라도 혼자서 재고를 관리하고 주문을 받고 닭을 튀기고 포장하고 매장을 청소하는 일은 매우 힘든 일이다. 하지만 '무인 치킨 주방'에서는 이 모든 것이 혼자서도 가능하게 된다.

치킨집은 누구나 창업할 수 있는 국민 창업 아이템인 만큼 조리 과정 자체는 생각보다 복잡하거나 어렵지 않다. 때문에 무인 치킨 주방의 고객이라면 누구나 쉽게 나만의 치킨을 직접 만들어보는 새로운 경험을 할 수 있다. 또한 무인화를 도입하면서 인건비가 줄어드니 고객에게 제공하는 서비스의 가격도 낮아질 수밖에 없다. 저렴한 가격에 나만의 치킨을 만들어 보는 경험은 고객들을 다시 무인 매장으로 불러올 것이다.

소고기 정육 식당은 있는데
왜 치킨 정육 식당은 없을까

동네마다 입소문 자자한 정육 식당 하나쯤은 있기 마련이다. 정육 식당은 보통 한쪽에 정육점을 같이 운영하면서 질 좋은 소고기나 돼지고기를 판매하고, 바로 구워먹을 수 있게 테이블을 함께 제공한다. 정육점과 고깃집의 콜라보레이션인 셈이다. 기본적으로 정육점에서 고기를 도매가로 들여오는 구조인 만큼 일반 음식점보다 가격이 저렴하면서도 신선한 양질의 고기를 접할 수 있다는 점이 매력적이다. 그래서 정육 식당에 간다고 하면 정말 맛있는 고기를 배부르게 먹겠구나 하는 기대감 같은 게 있다. 여기에 일반 고깃집에서는 잘 팔지 않는 특수 부위도 선택할 수 있으니 진정한 육식 매니아라면 정육 식당의 유혹을 뿌리치기 힘들다.

이러한 정육 식당이 장점만 있는 것은 아니다. 가격이 저렴한 대신 정육점과 함께 운영하기 때문인지 다소 인테리어에는 신경을 덜 쓴 곳이 많다. 투박한 분위기와 서비스적인 아쉬움은 감안해야 하는 경우가 많다. 하지만 입에 넣자마자 혀 위에서 살살 녹아 없어지는 고기 앞에서는 모두 무력화된다. 이렇게 맛있는 고기를 먹을 수 있는데 불편한 의자쯤이야 무슨 상관이 있겠는가. 뭐든 하나만 잘하는 것도 전략이다.

이쯤되면 궁금하지 않은가. 소고기 정육 식당은 있는데 왜 치킨 정육 식당은 없는 걸까. 닭도 고기인데 말이다. 국내 최초의 치킨 정육 식당을 함께 만들어보자.

신선함이 핵심이다

보통의 정육 식당은 신선한 고기와 다양한 부위에 대한 선택권을 제공할 뿐만 아니라 좋은 품질의 고기를 저렴한 가격에 먹을 수 있기에 가성비가 좋은 편이다. 하지만 닭의 경우 형성된 가격대 자체가 낮고 닭의 품질 간 편차가 크지 않아 가격 때문이라면 일부러 정육 식당을 찾을 이유가 없다. 그렇기 때문에 치킨 정육 식당을 운영한다면 가격보다는 신선함에 대한 인식을 강하게 심어줄 필요가 있다.

일반적으로 닭은 도계(닭을 잡아서 죽이는 것) 후 숙성 기간이 24시간 정도로 1~2주가 필요한 소고기나 4~5일이 필요한 돼지고기에 비해 짧다. 또한 불포화지방산이 많아 부패가 빠르게 진행되어 다른 고기에 비해 신선한 원료육의 관리가 중요하다. 소고기나 돼지 고기의 경우 유통 온도 기준이 -2~10℃이지만, 닭고기는 -2~5℃ 이다. 도계한 날과 냉장 온도를 매우 신경 써야 하는 재료라고 할 수 있다.

하지만 우리는 그동안 치킨을 선택할 때 어디에서 온 어떤 닭인 지 원료육에 대한 자세한 정보를 확인할 수 없었다. 국내산인가 아 닌가 정도의 단순한 정보만 확인했을 뿐이다. 언제 어디에서 왔는지 모를 닭은 기름에 튀겨진 채로 혹은 양념에 뒤덮여 우리에게 제공된 다. 치킨을 만드는 데는 생닭과 염지제, 치킨 파우더, 기름 그리고 선 택적으로 양념 정도가 추가된다. 원재료의 팔 할이 생닭인 셈이다. 치킨의 재료 중 가장 큰 비중을 차지하는 것이 생닭임에도 불구하고 우리는 닭의 신선도에 대한 선택권을 가져보지 못했다. 최근에는 신 선한 닭에 대한 이슈를 의식했는지 치킨업계에서도 도계 후 3일 이 내(1일 숙성)의 신선 닭만을 취급한다는 업체가 등장하기도 했다.

🐣 치킨 정육 식당으로 선택할 권리를 서비스한다

치킨 정육 식당에서는 누구나 내가 먹을 닭의 신선도를 확인하 고 쇼케이스에서 직접 꺼내는 재미를 누릴 수 있다. 매장의 구조나 배치를 결정할 때에도 '고객의 선택권'을 가장 우선순위에 둔다. 냉 장 쇼케이스는 매장에서 가장 눈에 띄는 곳에 배치되어야 하며 매

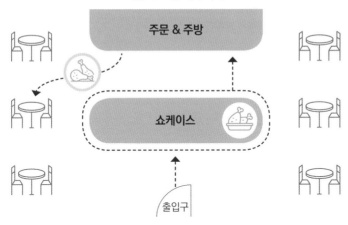

매장 구조 및 배치 예시

일매일 새로 들어온 닭이 쇼케이스에 올라간다. 쇼케이스에서 선택된 닭은 계산대에서 결제 후 주방에서 즉시 조리되어 테이블로 서빙된다.

치킨은 염지 과정을 거쳐야 맛있는 치킨이 된다. 염지한 닭은 보통 6-12시간의 숙성이 필요하다. 그래서 생닭을 판매하는 정육점과는 다르게, 도계된 닭이 입고 되자마자 염지해서 적시에 쇼케이스로 옮겨 놓는 작업이 필요하다.

쇼케이스에서 직접 선택이 가능하다고 하더라도 대부분의 사람은 맨눈으로 신선한 닭을 구분하지 못한다. 특히 염지된 닭은 첨가물로 인해 신선함을 구분하기 더 어렵다. 이러한 불편함을 해소하기 위해 진열된 닭의 신선도를 평가할 수 있는 네임택을 함께 제공한다. 도계한 날과 염지한 날, 품질 등급, 브랜드 등의 정보를 표기해

놓는 것이다. 닭고기의 품질 등급은 위생과 신선도에 대한 정보를 나타냄으로써 신선한 고기를 원하는 구매자의 욕구를 충족시킨다.

치킨 정육 식당이 다른 정육점이나 신선함을 강조하는 치킨 업체들과 다른 점은 모든 닭에 서사가 있다는 점이다. 어디서 왔고, 어떤 사료를 먹고 자랐고, 어떤 종의 닭인지, 염지제는 어떤 재료를 썼는지 등 고객들이 닭의 서사를 확인 할 수 있도록 제공한다. 도계한 날과 염지한 날, 등급 같은 간단하고 중요한 정보는 바로 확인할 수 있도록 닭 앞에 이름표를 붙여주고 더 자세한 정보는 QR코드로 제작하여 관심 있는 사람들에게만 제공한다. 사람들은 이러한 정보를 통해 더욱더 신선한 고기를 선택할 수 있을 뿐만 아니라, 자신이 원하는 육질이나 맛도 고를 수 있다.

닭의 서사를 공개하는 QR코드 내용 예시

녹차 먹고 운동한 '우리녹닭'	
이름	우리녹닭
고향(브랜드)	새마을 양계농가
종	토종닭
사육 시 특이점	– 녹차 넣은 사료 – 운동량이 많아 육질이 단단한 편
등급	1+
체격(사이즈)	10호
도계일 / 염지일	1월 5일 / 1월 6일
염지제 특이점	포도와인 10% 첨가

닭에 대한 정보는 농림축산식품부의 '축산물 이력제'라는 제도를 활용하면 신뢰를 더 높일 수 있다. 아직 모든 축산물에 적용되는 것은 아니지만 많은 농가와 도계 업체 등이 협조하여 이력을 관리하고 있다. 이러한 시스템과 제도를 잘 활용하면 신뢰에 기반한 치킨 서비스를 완성할 수 있다.

여기에 온라인 프로세스를 추가하면 더욱 개인화된 고객 경험이 가능해진다. 치킨 정육 식당의 홈페이지에서 닭과 염지 방법을 선택할 수 있도록 하는 것이다. 일반적으로는 염지 방법을 선택할 수 없다. 하지만 온라인에서 미리 닭을 예약한 고객들은 가장 신선한 닭을 먼저 선점할 수 있을 뿐만 아니라 자신이 선호하는 염지 방법까지 선택할 수 있게 된다. 고객 맞춤으로 예약된 닭은 다음날 매장의 쇼케이스에 예약자의 닉네임을 달고 진열된다. 내 닉네임이 달린 생닭이 그 자리에서 바로 조리되어 나오는 새로운 경험을 제공하는 것이다.

그동안 누구도 치킨을 주문할 때 닭을 직접 선택하거나 생닭의 신선도를 확인하지 않았다. 치킨 정육 식당을 통해 신선한 닭을 고르는 것이 얼마나 당연하고 즐거운 일인지 알게 되는 날이 오기를 바란다.

치킨집에서
튀김기를 빌려드립니다

음식의 조리에는 다양한 방법이 있다. 그중에서도 단연 튀김을 빼놓을 수 없다. 튀기면 신발도 맛있다는 재미난 문장이 이를 뒷받침 해준다. 맛있는 튀김을 집에서도 쉽고 간편하게 먹을 수 있다면 얼마나 좋을까? 이런 우리의 욕구에 맞춰 에어프라이어가 혜성처럼 등장했다. 말 그대로 공기로 튀긴다는 뜻의 에어프라이어. 원래는 음식을 튀기기 위해 기름이 사용되는데, 에어프라이어는 기름 없이 열풍을 이용한다. 그럼에도 한 번 튀겨져 나온 냉동식품의 기름이나 고기의 지방 덕분에 튀기는 것과 비슷한 효과를 내서 전자레인지보다 맛이 더 좋다는 평가가 지배적이다.

공기와 기름의 차이

신이 내려준 것 같은 에어프라이어지만 실제로 기름에 튀긴 음식과는 차이가 날 수밖에 없다. 물론 에어프라이어와 궁합이 잘 맞는 냉동식품의 대부분은 기름에 한 번 튀기고 나서 다시 냉동한 제품이다. 그렇다고 하더라도 이 또한 다시 기름에 튀겨야 본연의 맛을 끌어낼 수 있다. 그래서 에어프라이어에 음식을 조리하기 전에 제품 겉면에 기름을 발라서 좀더 기름에 튀긴 맛을 살리기도 한다.

그렇다. 아무리 공기로 튀긴다고 해도 진짜 기름에 튀기는 것과는 차원이 다른 것이다. 이러한 문제로 인해 에어프라이어만큼 전통적인 튀김기도 다시 주목받고 있다. tvN 예능 〈윤식당〉에서 가정용 튀김기 등이 노출된 이후, 가정에서 쓸 수 있는 미니 튀김기가 쿠팡의 '간식 제조' 카테고리에서 에어프라이어 다음으로 많이 팔리는 제품이 되었다. 일반 튀김기와 달리 기름을 적게 쓸 수 있기 때문에 미니 튀김기도 가정에서 쓰기에 적합하다.

튀김기는 그만큼의 맛을 보장하지만, 단점 또한 존재한다. 에어프라이어만큼 뒤처리가 깔끔하지 않다. 실제 기름을 사용하기에 세척이 에어프라이어보다 오래 걸린다. 그리고 썼던 기름의 처리 또한 애로 사항이다. 한번 쓴 기름을 별도 용기에 넣은 다음 나중에 다시 사용해도 되지만 썼던 기름을 오래 방치할 경우 산패*가 일어

─────────────────────

* 기름이 장기간 열이나 공기에 노출되는 일종의 산화 화학 현상으로 식품의 맛과 품질을 저하하며, 때에 따라서는 독성물질을 생성한다.

치킨집에서 튀김기를 빌려드립니다

나 기름의 맛과 냄새가 나빠진다. 또한 튀김 찌꺼기들을 완전하게 제거하고 재활용하는 것도 도통 쉬운 일이 아니다. 또한 가정에서는 폐유(쓰고 난 기름)를 싱크대에 흘려보내선 안 되기 때문에 키친타월이나 휴지에 기름을 적셔 일반 쓰레기로 버려야 하는 번거로움도 있다.

🐣 재료만 가져오세요, 무엇이든 튀겨드립니다

에어프라이어를 사용하는 것만큼의 간편함으로 실제 기름에 튀긴 음식을 즐길 수 없을까? 이 두 가지를 동시에 잡을 수 있는 '치킨집 셀프 튀김 서비스'를 제안한다.

1 소비자는 튀기고 싶은 재료를 가지고 치킨집에 방문한다.
2 홀에는 1.5리터 사이즈의 미니 튀김기가 2개가 배치되어 있으며, 하나의 튀김기를 이용하기 위해서는 3,000원을 내야 한다.
3 고객은 튀김기를 이용하여 튀김 요리를 만들고 집에 돌아간다.
4 치킨집은 쓰고 남은 기름을 여과기에 넣어 찌꺼기를 제거하고 다시 튀김기에 투입한다.
5 기름은 하루에 한 번 교체한다.

앞서 설명과 같이 방법은 간단하다. 치킨집 입장에서는 어떤 점이 장점일까? 2가지로 얘기할 수 있다.

첫 번째로 추가 매출을 기대할 수 있다는 점이다. 일반 튀김용 오일은 15리터에 약 33,000원이다. 1.5리터 용량은 약 3,000원 정도인 셈이니, 1.5리터 튀김기 기준으로 두 번째 손님이 올 경우부터 순이익이 발생하는 것이다. 예를 들어 4명의 손님이 방문했을 경우 12,000원의 매출과 9,000원의 순이익이 생긴다. 사이드 메뉴를 파는 것보다 더 큰 이익을 낼 수 있다. 또한 미니 튀김기는 일반 토스트기 정도의 크기다. 2개를 구비한다고 해도, 조그마한 식탁 1개 정도 차지하기에 치킨집에서도 큰 부담이 없을 것이다.

두 번째로는 치킨을 방문 포장할 경우 셀프 튀김 서비스를 무료로 제공함으로써 배달 수수료의 부담을 줄일 수 있다는 점이다. 첫 번째 방법보다 이 방법이 치킨집 매출에 더욱더 도움이 될 것이다. 치킨 한 마리를 판매할 때 업주는 약 1,500~2,000원 정도를 수수료로 지출한다고 한다. 만약 튀김 무료 서비스를 받는다고 한다면, 치킨 판매 원래 매출보다 1,500~2,000원 정도 올라가는 셈이다.

소비자의 입장에서는 튀기고 싶은 음식을 진짜 기름에 튀겨서 맛있게 조리할 수 있다. 한 번의 튀김 요리를 위해 집에서 대량의 기름을 쓸 필요가 없다. 무엇보다 3,000원 만으로 튀기고 나서의 뒤처리 고민도 사라진다.

치킨집은 치킨을 전문으로 튀기는 업소이기 때문에 폐유를 효과적으로 처리할 수 있다. 폐식용유 처리를 전문적으로 하는 업체가 있으며 업체는 기름을 정제하여 친환경 에너지로 생산한다. 집에서 쓰고 아깝게 버려지는 기름 없이 셀프 튀김기에서 나온 폐유는 수거되어 다른 에너지로 변모하기 때문에 친환경적이기도 하다.

🐥 셀프 튀김기 서비스를 정착시키는 방법

치킨집 주인과 소비자, 그리고 더 나아가 환경에까지 좋은 이러한 서비스를 어떻게 하면 성공적으로 시장에 정착시킬 수 있을까? 치킨을 배달할 때 셀프 튀김기 설명과 더불어 1회 무료쿠폰을 증정한다. 대부분의 사람은 에어프라이어보다 실제로 튀긴 음식이 더 맛있다는 것을 인지하고 있다. 그렇기에 셀프 튀김기 1회 쿠폰을 통해 직접 치킨집에 방문해서 내가 가져온 재료들을 쉽게 튀길 수 있다는 사실을 홍보하기만 하면 수요는 많을 것이라 예상한다.

그저 한번 무료로 튀길 수 있는 기회를 주는 것이 서비스 성공의 유일한 방법은 아니다. 소비자가 쉽고, 편안하게 서비스를 경험할 수 있도록 그 기반을 제공해야 한다. 소비자가 만족스러운 경험을 가져야지만 그 이후 서비스 재사용에 대한 마음을 먹기 때문이다. 음식을 가져오고 튀기고, 다시 집으로 돌아가는 일련의 과정을 집 부엌에서 튀기는 것만큼 편하게 선사해야 한다.

튀기는 시간을 단축하기 위해 미리 치킨집에 전화해서 예열을 요청한다. 소비자는 치킨집에 도착하자마자 뜨거워진 기름에 가져온 음식을 바로 튀긴다. 재사용한 기름이지만 찌꺼기를 제거하여 깨끗한 상태로 유지하며, 프라이빗한 조리공간(칸막이 등), 키친타월이나 집게 등 튀기는 과정에 필요한 것들을 제공한다. 소비자가 다녀간 후에는 기름의 찌꺼기 처리(주기적으로 산패도 확인) 등 조리 공간을 깨끗하게 청소하여 다음 소비자가 와도 좋은 경험을 할 수 있도록 공간을 운영한다.

경험은 경험을 낳는다. 세상에 없던 서비스를 경험할 수 있게 해주고, 그 한 번의 경험을 만족스럽게 제공한다면 조금은 생소한 셀프 튀김 서비스가 많은 사랑을 받을 것이다.

치킨뼈 발골 서비스

어느 한 유튜버가 뼈 치킨과 순살 치킨에 대한 선호를 묻는 투표를 진행했다. 뼈 치킨과 순살 치킨, 탕수육의 부먹과 찍먹 만큼이나 논란이 예상되는 질문이다. 사소해보이는 이 투표에 무려 27만 명 이상이 참여했다. 결과는 뼈와 순살이 정확하게 반반으로 갈렸다. 투표 참여자 수가 계속 늘어나도 50 대 50으로 갈린 선호 비율은 약속이라도 한 것처럼 요지부동이었다. 충격적인 결과가 아닐 수 없다. 자고로 음식은 여럿이 함께 먹어야 더 맛있는 법인데 다수의 취향이 이토록 극명하게 대비된다니, 영혼의 치킨 취향 공동체를 만나지 못하면 결국 무리 중의 누군가는 자신의 취향을 내려놓고 희생해야 하는 상황이 반복될 것이다. 평생을 함께할 부부의 취향이 이렇게 나뉜다고 생각하면 쉽게 웃어넘길 수 없는 문제다.

뼈 반 순살 반 치킨은 왜 없을까?

이러한 비극적인 상황에서 벗어나기 위해 반반치킨을 주문하면 되지 않겠냐고 할 수 있다. 생각해 보면 세상에 반반서비스가 얼마나 많은가. 치킨은 물론이거니와 중국집에서도 짜장과 짬뽕 반반인 짬짜면이 있으며, 족발도 반반, 피자도 반반, 반반의 역사는 길고 다양하다. 이미 이렇게나 합리적인 대안이 있으니 뼈파와 순살파 사이에 평화가 찾아올거라는 결론은 너무 성급하다. 치킨업계에서 양념반프라이드반은 너무 당연하지만 뼈와 순살 반반 치킨은 찾아보기 어렵기 때문이다.

대체 왜 뼈와 순살 반반 치킨은 없는 걸까. 뼈 치킨도 팔고 있고, 순살 치킨도 팔고 있으니 이 둘을 반반씩 나눠서 내놓기만 하면 되는데 말이다. 안타깝게도 어디서도 명쾌한 답을 찾지는 못했다. 몇몇 근거를 가지고 추정해 보자면 국내에서 유통되는 순살 치킨은 주로 수입산이 많고 닭다리살과 같은 부드러운 특정 부위로 한정하여 서비스되는 경우가 많기 때문에 재고관리의 이슈가 있다. 그리고 뼈와 순살의 튀기는 시간이 다를 수 있다는 점 등 운영의 효율성 측면에서 판매하기가 쉽지 않을 것으로 보인다.

이대로 뼈 반 순살 반의 꿈을 포기해야 하는가. 모두가 안된다고 하는 데에는 그만한 이유가 있는 법이지만 새로운 기회가 될 수도 있지 않을까. 뼈를 순살로 만들어주는 친절한 서비스, '뼈 발골' 치킨 전문점을 제안해본다.

　　　　　　　　　　　　　　　　　　치킨뼈 발골 서비스

눈앞에서 치킨뼈를 발굴해드립니다

눈앞에서 스테이크 굽기 취향에 맞춰 익혀주는 불쇼를 보여 주거나, 발라먹기 어려운 바비큐를 해체하여 먹기좋게 나눠주는 등의 특별한 서비스를 제공하는 레스토랑을 종종 볼 수 있다. 평소에 쉽게 볼 수 없었던 광경이 눈앞에서 펼쳐지는 동시에 맛있는 음식을 함께 맛볼 수 있기 때문에 여유로운 식사를 즐기려는 사람들에게 제격이다. 이러한 레스토랑들은 요리의 맛도 중요하지만 볼거리를 제공하기 때문에 엔터테인먼트적 기술도 필수로 갖춰야 하는 어려움이 있다. 하지만 그만큼 희소한 경험의 가치가 있기 때문에 인기가 많다.

우리가 도전하려는 뼈 발골 치킨 전문점은 말 그대로 눈앞에서 치킨의 뼈를 빠르게 발골해주는 쇼를 시연하는 레스토랑이다. 뼈가 있는 치킨을 주문하면 발골 전문가가 도마형 우드 플레이트 위에 올려진 치킨을 서빙하고 원하는 부위의 치킨을 그 자리에서 바로 발골해준다. 닭다리는 뜯어야 맛이라고 생각한다면 닭다리를 제외한 나머지 부위의 발골을 요청하면 된다. 발골된 치킨은 나이프와 포크로 우아하게 먹을 수 있다. 믿을 수 있는 진짜 순살 치킨을 맛볼 기회이자, 발골 과정을 체험하는 엔터테인먼트 콘텐츠, 한번 도전해 볼 만한 아이템이 아닌가.

앞서 보여준 투표에서 뼈와 순살의 취향은 50 대 50의 상극이었다. 하지만 속사정을 자세히 들여다보면 발골 서비스의 존재 이유를 알 수 있다. 순살 치킨 옹호자들 사이에서도 맛은 역시 뼈 치킨이라고 인정하지만 귀찮음이나 체면 같은 이유들 때문에 어쩔 수 없이 순살을 택하는 사람들이 있다. 반대로 뼈 치킨 옹호자 중에서도 순살 치킨이 먹기 편하고 뒷처리가 깔끔하다는 것은 인정하지만 고기의 질이나 발골 과정에 대한 불신 등으로 어쩔 수 없이 뼈를 선택하는 사람들이 있다. 그렇다면 치킨의 뼈를 눈앞에서 직접 발라 준다고 하면 환영할 사람들이 많을 것이라는 결론이 나온다. 치킨 뼈 발골 서비스는 뼈 치킨을 사랑하는 사람도, 순살 치킨을 사랑하는 사람도 모두 만족시킬 수 있다.

다만, 발골 자체가 기술이기 때문에 치킨에 대한 이해도가 높은 발골 전문 인력을 투입해야 하고, 발골하는 시간을 단축할 수 있도록 재료를 미리 손질하여 조리해야 한다. 또한 발골한 음식을 즐길 수 있는 테이블 플레이팅 등 여러 부분에서 신경써야 할 일들이 늘어나기 때문에 일반 치킨 전문점에서는 도전하기 쉽지 않다. 하지만 독특한 컨셉으로 고객을 유치하고 싶다면 한번 시도해 볼 만하다.

우리가 흔히 오프라인에 취식 매장을 가진 치킨 전문점이라고 하면 왁자지껄한 분위기 속 치킨과 생맥주를 함께 제공하는 모습을 떠올리기 마련이다. 유니폼을 단정하게 차려입은 종업원과 고급스럽고 감각적인 인테리어를 '치킨'과 매칭하기란 쉽지 않다. 하지만 치킨 전문점도 이제 변신할 때가 되었다. 뼈 발골 서비스와 함께라면 치킨집도 품격있는 자리나 데이트에 어울리는 프리미엄 레스토랑의 이미지로 거듭날 수 있을 것이다.

열정 가득했던 과거의 나를 만나기 위하여

취업 준비 등 미래에 대한 걱정으로 인해 쉬는 것이 두려웠다. 이른바 그 당시에 유행했던 신조어인 공휴족(恐休族)이었다. 대학생 시절에는 쉬지 않고 대외활동, 인턴 등을 하며 휴학도 없이 지냈다. 그토록 원하던 취업 후에도 대학생 때 못해본 것들을 하고 싶어 끊임없이 무언가를 배우며 20대를 보냈다.

그때와 달리 지금은 누워서 넷플릭스와 유튜브를 보는 것이 세상 재미있는 30대다. 그러던 중 평소 친분이 있는 회사 선배에게 한번 글을 써보자는 제안을 받았다. 업무 전화인 줄 알았더니 아니었다. 재미난 주제로 작가들이 모여서 글을 쓰고 있는데 같이 하면 좋을 것 같다는 제안이었다. 나는 덜컥 바로 해보겠다고 했다. 왜 그랬을까? 지금 생각해보면 다시 20대 때의 열정만큼은 아니더라도 다양한 것에 도전하고 시도했던 과거의 나를 다시 만나고 싶었던 것 같다.

CHICKEN

5장

악촌
공략

우리 동네를 공략하는
전술 개발

우리동네 치킨집
라이브 중고거래

헐레벌떡 뛰어나와 약속 장소에 도착하자마자 시간부터 확인한다. 약속된 시간, 조심스럽게 주변을 살핀다. 두리번거리고 있던 누군가와 눈이 마주친다. 그러나 아직 확신할 때는 아니다. 의심을 거두지 않은 몸짓으로 가까이 다가가 조용히 속삭인다. 마치 첩보 영화의 주인공이라도 된 것 마냥 새삼 신중하다. "혹시 당근…"

요즘 흔하게 마주칠 수 있는 중고거래의 현장이다. 6km 이내의 사용자를 연결하는 중고거래 플랫폼 '당근마켓'은 자신들의 서비스를 중고거래가 아닌 지역생활 커뮤니티라고 부른다. 더 많은 이용자들이 자신들의 플랫폼에서 활동하게 하기 위해 지역소식이나 지역 상권을 연결하며 다양한 로컬 기반의 비즈니스로 확장해 가고 있다.

당근마켓이나 번개장터와 같은 중고거래 플랫폼의 무서운 성장

세와 함께 직거래 피해 사례도 점점 늘어나고 있는 추세라고 한다. 구매자 입장에서는 만나서 눈으로 한번 더 본다고 해도 길거리에서 꼼꼼히 살펴볼 여유가 많지 않다 보니 제품에 하자가 있거나 기대했던 물건이 아닌 경우가 발생할 수 있다. 반대로 판매자 입장에서는 어렵게 구매자와 약속을 잡고 약속 장소에 나갔다가 구매자의 변심으로 아까운 시간만 낭비하고 돌아오는 일도 심심치 않게 발생한다. 심지어 좋은 마음으로 나눔(보유하고 있는 제품을 무료로 다른 이용자에게 나누어 주는 것)을 하는 경우에도 상대가 약속 시간을 어기거나 아예 나타나지 않는 상황도 벌어진다. 물론 이런 일이 빈번하게 일어나는 것은 아니다. 하지만 분명 많은 사람이 종종 겪는 불편함인 것은 사실이다.

이러한 약점을 치킨집이 일부 보완해줄 수는 없을까. 동네 치킨집의 경쟁력이 바로 고객 근처에 있다는 점이지 않은가. 로컬의 장점을 살려 중고거래의 불편함을 일부 해소해주면서 치킨 판매까지 이끌어 낼 수 있다면 이보다 더 좋은 마케팅이 어디에 있을까 싶다.

 ## 치킨이 쏘아 올릴 동네 커뮤니티의 진화

창업 경험자들은 지역 상권에서 경쟁력을 갖고 단골을 확보하고 싶다면 동네 사랑방이 되기를 주저하지 말라고 조언한다. 단골 고객의 입맛을 기억했다가 미리 알아서 맞춤 서비스를 제공한다거나

우리동네 치킨집 라이브 중고거래

이름을 불러주는 등의 친근한 관계를 지속하는 것이 중요하다는 것이다. 하지만 배달 비중이 높은 치킨집은 업종의 특성상 동네 사랑방의 역할을 하거나 고객과의 친근한 관계를 맺는 활동이 쉽지 않아 보인다. 사람을 모이게 할 편안한 공간을 제공하기도 어렵고, 모인 사람들을 연결할 공통 관심사를 찾는 것도 어렵기 때문이다.

하지만 '라이브 커머스*'와 '중고거래'라는 키워드를 결합하면 치킨집은 동네 사랑방이 되고, 고객과의 친근한 관계 맺기도 가능하다. 온라인 중고거래의 불편함을 해소함과 동시에 치킨집 마케팅까지 해결해줄 '라이브 중고거래' 서비스를 소개한다.

중고거래 서비스를 운영하겠다고 했지만, 우리의 본업은 치킨집이라는 사실을 잊으면 안 된다. 이 모든 활동은 궁극적으로 치킨 매출을 끌어올리는 마중물이 되어야 한다. 때문에 매장을 일부러라도 방문하게 하거나 치킨을 주문하지 않으면 뭔가 아쉽다고 느낄 만한 프로세스를 세심하게 더해야 한다.

기존의 중고거래가 판매자의 일방적인 사진이나 설명에 의존해야 했다면, 이 방법으로는 잠재적 구매자가 실시간 영상으로 중고 물품을 자세히 확인하고 궁금증을 해결할 수 있다. 또한 치킨을 주문할 때 함께 받을 수 있으니 중고거래를 위해 직접 판매자를 만나

....

* 홈쇼핑과 같이 실시간 동영상 스트리밍으로 상품을 판매하는 방식

러 가지 않아도 된다는 베네핏을 가진다. 판매자는 경매 방식으로 물건을 판매하여 조금 더 나은 수익을 기대할 수 있다. 판매자와 구매자 모두가 만족하는 거래를 만들 수 있는 것이다.

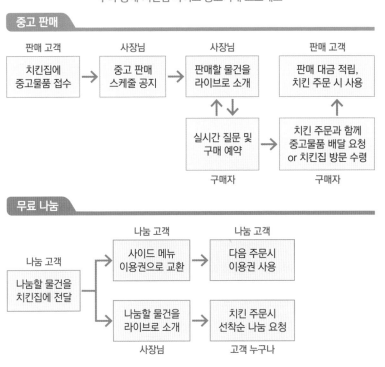

우리 동네 치킨집 라이브 중고거래 프로세스

프로세스를 자세히 들여다보면 중고거래나 무료 나눔을 하려는 판매자는 치킨집에 방문해야만 한다. 이는 치킨집이 로컬 기반이라는 지리적 이점을 반영한 것이다. 귀찮아서 이용하겠냐고 의문을 가질 수 있겠지만 어차피 기존 중고거래도 오프라인에서 많이 이뤄지기 때문에 크게 문제가 되지 않는다. 피곤하게 구매자와 만날 약속을 잡지 않아도 되고 언제든 내가 편한 시간에 치킨 매장을 방문하면 그뿐이다. 약속이 갑작스럽게 취소되거나 늦게 오는 사람을 기다리지 않아도 되니 오히려 편의성은 늘어나는 셈이다. 또한 집안을 차지하고 사용하지 않는 물건을 무료 나눔할 경우, 사이드 메뉴 이용권과 교환할 수 있다는 점도 기존 중고 플랫폼의 나눔 보다 매력적이다.

당일 판매되지 않은 중고 물품은 일정 기간 동안 치킨 매장 한켠에 공간을 마련해 라이브에 참여하지 못한 고객들이 구매할 수 있도록 열어둔다. 팔리지 않은 중고 물품이 오프라인으로 잠재고객을 끌어들이는 유인책으로 변신하는 순간이다. 물론 오랫동안 팔리지 않는 물건은 판매자와 협의하여 처분하거나 다시 가져가도록 한다.

라이브 중고거래 서비스는 사람들을 모이게 해서 치킨집 홍보에 도움이 될 뿐만 아니라 치킨을 주문하게 하는 '넛지*' 효과를 가져온다. 중고거래 판매 대금으로 치킨을 주문하는 것은 물론이고, 나눔을 통해 받은 사이드 메뉴 이용권을 사용하기 위해 주문하는 행위가 그렇다. 구매한 중고물품을 가지러 가는 대신 집에서 편하게 받기 위해 치킨을 주문하는 것도 같은 맥락이다. 치킨집 사장님은

....

* 강압하지 않고 부드러운 개입으로 사람들이 더 좋은 선택을 할 수 있도록 유도하는 방법

치킨과 관계없어 보이는 중고거래 대행 서비스를 운영하면서 결과적으로는 치킨을 판매할 기회를 얻는 것이다.

🐣 치킨집 사장님이 중고거래 서비스를 200% 활용하는 법

라이브 중고거래 서비스의 활용은 여기서 끝이 아니다. 일단 단골 고객들이 모이기 시작하면 중고물품 뿐만 아니라 다양한 능력을 갖춘 동네 주민들을 초대하여 재능 거래 등의 서비스로도 발전시킬 수 있다. 현대적인 동네 사랑방의 역할을 해낼 수 있게 되는 것이다. 또한 중고거래 서비스 전후에 치킨집의 신메뉴 출시 쇼케이스를 진행하거나 한정판 메뉴 공모 등, 치킨집 자체 마케팅 도구로서도 활용이 가능하다. 신메뉴에 대한 설명과 비하인드 스토리 등을 덧붙여 이야기하고, 단골 고객을 초대하여 먹방을 진행해 생생한 후기를 전달하면 효과적인 홍보 목적을 달성할 수 있을 것이다. 한정판 메뉴 아이디어를 공모하여 실시간으로 선주문을 받은 후 판매하는 전략도 도전해 볼 수 있다. 물론 한정판 메뉴 중에서 반응이 좋았던 아이디어는 신메뉴로 승격도 가능하다.

라이브 중고거래 서비스를 운영하는 것은 초기엔 부담스러울 수 있겠지만 장기적으로는 홍보비로 지출하는 비용과 노력 대비 높은 효과를 기대할 수 있다.

동네치킨집에
인스타그램 스티커가 있다고?

　요즘 SNS에서는 이른바 '숏폼(짧은 동영상)'이 대세다. 영상 콘텐츠의 중요 소비자인 MZ세대가 10분 미만의 영상을 선호하면서 관련 콘텐츠 시장이 계속해서 성장하는 추세다. 콘텐츠의 홍수라 긴 영상보다 짧은 영상을 더 선호하는 것이기도 하다. 대표적으로 중국의 IT업체가 15초의 짧은 동영상을 찍고 편집하고, 업로드 할 수 있는 플랫폼 '틱톡'을 제작했고 전 세계 숏폼 강자로 자리 잡았다.

　인스타그램 또한 15초 분량의 콘텐츠를 올릴 수 있는 '스토리' 외에 15~30초짜리 영상을 만들고 편집까지 할 수 있는 릴스(Reels)를 출시하며 숏폼 트렌드에 맞춰가기 시작했다. 인스타그램 내 2가지의 숏폼 중 스토리의 경우 2018년 11월에 출시한 이후로 꾸준히 성장하고 있다. 전 세계적으로 매일 4억 명의 사람들이 스토리를 사용한다고 하며, 이 스토리로 인해 인스타그램의 평균 사용 시간이 28분 이상 늘었다고 한다. 그리고 인스타그램 사용자 3명 중 1명이 스토리에서 본 광고 제품에 관심을 가진다고 한다.

이렇게 인스타그램 스토리가 인기가 있는 이유는 무엇일까? 일반적으로 스토리는 24시간이 지나면 사라지는 휘발성 콘텐츠다. 무언가 계속 남겨지는 기록을 선호하지 않는 요즘 세대들의 니즈가 반영되어 있다. 이런 휘발성이라는 이유뿐만 아니라 스토리에는 틱톡처럼 여러 특수효과를 넣을 수 있는 필터 기능이 있다. 또한 스티커라는 기능도 인기 요인 중 큰 부분을 차지한다.

 ## 채팅은 이모지, 인스타그램은 스티커

인스타그램 스티커는 일종의 이모티콘이다. 과거 스티커사진 부스에서 사진을 찍고 이모티콘을 붙이거나 이름과 날짜를 펜으로 쓰는 것과 비슷하다. 사진이나 동영상을 찍고 그 위에 마음에 드는 스티커를 자유롭게 배치하면 된다. 일종의 디지털 스티커 사진이랄까? 실제 사용하는 방법도 간단하다. 인스타그램 스토리에서 얼굴이 그려진 이모티콘을 눌러서 원하는 키워드를 검색한다. 해당 키워드에 어울리는 움직이는 스티커를 선택해서 꾸미기만 하면 끝이다.

인스타그램 스토리에 스티커를 활용하는 사람들이 늘고 있다. 그

리고 이렇게 사람이 모이는 곳
에는 비즈니스가 생기기 마련이
다. 유수의 기업에서도 스티커를
너도나도 출시하며 마케팅에 열
을 올리고 있다. 현대자동차의
경우 고성능 자동차 시리즈인
'N'을 홍보하는 스티커를 제작
했다. 또한 2021년에는 국내 프
로야구 소속팀인 키움 히어로즈
가 최초로 인스타그램 스티커를
출시하기도 했다. 팬들은 단순히

현대자동차 스티커 사례

자동차와 야구장 사진을 올리는 것이 아니라 사진을 관련 스티커로
꾸민다. 이로써 더 양질의 콘텐츠로 바뀌고 팬심 또한 상승한다.

　음식 사진 또한 SNS에 많이 올라오는 카테고리 중 하나이다. 우
리가 TV에서 먹방 같은 음식 영상을 보다 보면 자연스럽게 그 음식
이 먹고 싶어져서 주문하는 경우가 있다(그러니까 소위 먹방이 새로운
마케팅의 창구가 된 것이다). 친구가 올린 치킨 사진도 이와 다르지 않
다. 그 사진을 보고 오늘 저녁에는 치킨을 먹어야겠다고 생각한 사
람들이 있을 것이다. 이렇게 소비자의 자발적 마케팅을 일으키기
때문에 기업들이 스티커를 만드는 것이다.

치킨집 스티커? 어렵지 않아요

그렇다면 내 치킨집도 이렇게 스티커를 만들면 어떨까? 배달된 소비자가 치킨을 찍어 인스타그램에 업로드할 때 제작된 스티커를 붙인다면? 그 스티커가 상호와 메뉴 이름이 예쁘게 꾸며진 거라면? 치킨집 홍보는 물론이고 소비자는 더 예쁜 콘텐츠를 만들 수 있기에 만족할 것이다.

하지만 인스타그램이라는 거대 플랫폼에서 큰 기업도 아닌 우리 치킨집이 스티커를 만들 수 있을까?라는 의문이 들 것이다. 이런 걱정은 일단 고이 접어 주머니에 넣어두자. 결론부터 말하자면 '누구나' 만들 수 있다.

인스타그램의 스티커는 흔히 말하는 움직이는 사진인 '움짤'의

실제 예시로 만들어본 치킨집 로고와 메뉴명 스티커

형태다. GIF라는 파일 포맷을 통해 움직이는 스티커가 만들어진다. 스티커를 만들었다면 인스타그램이 제휴를 맺은 GIF 플랫폼에 올리면 된다.

기피(GIPHY)라는 서비스는 GIF를 전문적으로 모으고 활용하는 플랫폼이다. 여담이지만 해당 플랫폼은 인스타그램의 모회사 메타(페이스북)가 인수한 회사로 사실상 같은 회사의 자원을 공유하는 셈이다. 기피에 내 치킨집의 GIF 파일을 올리면 인스타그램 사용자가 검색을 통해 스티커를 사용할 수 있다. 다만 올리려면 몇 가지 조건에 맞아야 한다.

회원가입은 이메일 연동 등을 통해 쉽게 할 수 있지만, 인스타그램에 검색이 되게 하려면 계정이 개인 아티스트나 기업 브랜드 계정으로 등록되어야 한다. 보통의 치킨 사업자는 대기업이 아니니 우선 개인 아티스트로 등록을 한다. 그러기 위해서는 포트폴리오 사이트와 실제로 만든 GIF 파일 5개가 필요하다. 이 부분은 사실 디자이너가 아니라면 쉽지 않은 부분이다. 움직이는 로고나 스티커는 외주를 맡겨 제작한다. 프리랜서 디자이너와 쉽게 계약을 이어주는 플랫폼(크몽 등)이 국내에 많이 있으니 비교적 저렴한 가격으로 GIF를 제작할 수 있을 것이다. 개인 아티스트 등록 심사에는 GIF 파일이 최소 5개가 필요하지만 향후 확장성을 위해 첫 의뢰 시 10개 정도 제작하는 것을 추천한다. 업로드 할 때는 검색어를 설정해야 하는데, 소비자가 떠올리기 쉬운 치킨집과 연관된 단어로 설정하면 좋다.

이제 남은 장벽은 개인 아티스트를 증명하기 위한 포트폴리오 사이트이다. 개인 아티스트처럼 보여야 스티커 등록 심사에 통과할 수 있다. 업로드된 스티커는 제외하고, 나머지 5개를 활용하여 포트폴리오 사이트에 업로드한다. 웹 사이트를 만들어야 한다고 두려워하지 말자. 노션(Notion) 등 홈페이지를 간단하고 쉽게 만들어주는 플랫폼을 활용하면 된다.

이렇게 심사를 요청한 후 승인되면 비로소 인스타그램 스티커 검색창에서 검색되어 소비자가 쉽게 활용할 수 있다. 이제 대기업처럼 우리 치킨집에도 인스타그램 스티커가 생겼다. 이벤트 등 홍보를 통해 다른 사람들에게 널리 알려보자. 스티커를 활용해서 올린 콘텐츠를 캡처해 인증하면 경품을 받는 이벤트도 가능하다. 이로써 적은 비용으로도 치킨집 매출에 도움이 될 수 있는 스티커가 된다.

스티커를 제작하고 업로드하는 데까지 다양한 플랫폼을 이용해서 어렵다고 생각할 수 있겠지만, 조금만 들여다보면 아주 쉽게 진행할 수 있다. 무엇보다 나의 치킨집이 잘 되고 흥하기 위해서라면 이런 조그마한 노력은 충분히 할 수 있을 것이다. 세상은 점점 디지털 중심으로 변해가고 있다. 치킨집도 이러한 변화에 맞춰야 한다. 큰 대기업처럼 트렌디하게 홍보하자. 잘 정착된다면 소비자들은 자발적으로 나의 치킨집을 홍보할 것이다.

동네치킨집에 인스타그램 스티커가 있다고?

한 물간 종이 쿠폰을
한 폭의 예술 작품처럼

　'쿠폰.' 말만 들어도 설레는 단어다. 무엇을 사든 할인해주거나 사은품을 줄 것 같은 느낌이다. 이러한 쿠폰 마케팅은 우리가 어렸을 때부터 있었고 지금도 다양한 형태로 존재한다. 특히 동네 치킨집에서는 쿠폰을 여러 장 모으면 보상을 주는 마케팅 방법을 주로 활용했다. 예전에는 이러한 쿠폰 시스템이 많았지만, 요새는 찾아보기 힘들다. 그 이유는 무엇일까? 스마트폰의 등장 이후 앱 서비스의 발달로 쿠폰 시스템이 온라인화 된 탓이다. 실제로 다양한 치킨 브랜드에서 전용 앱을 통해 쿠폰을 발급 하고 있다.

　실물 쿠폰이 없어지게 된 또 다른 이유는 또 무엇일까? 다양한 원인이 있겠지만 보관이 용이하지 않은 것도 이유 중 하나다. 실물 쿠폰은 다양한 형태로 제공된다. 일반적인 종이 명함의 형태, 냉장고에 붙일 수 있는 자석 형태, 심지어 종이 박스에 붙어있기도 하다. 그런 경우에는 소비자가 직접 가위로 잘라서 따로 모아야 한다. 행여나 박스에 양념이라도 흘리게 된다면 쿠폰이 더러워지는 안타까운 상황이 발생한다.

실물 쿠폰은 별도로 보관해야 하는데 자주 시켜 먹지 않는 배달 음식의 특성때문에 보관하고 있다는 사실을 잊어버리거나 쿠폰 자체를 잃어버리기 쉽다. 이를 보완하기 위해 나온 것이 바로 자석 쿠폰이다. 자석 쿠폰은 종이 쿠폰보다 두께는 있지만, 냉장고에 붙일 수 있도록 고안되었다. 예전에는 냉장고에 다양한 자석 쿠폰이 덕지덕지 붙어 있는 풍경을 흔히 볼 수 있었지만 요즘에는 그렇지 않은 것 같다. 삼성전자의 비스포크, LG전자의 오브제 컬렉션 등 가전도 디자인이 중요해진 시대에 자석 쿠폰은 가전의 외관을 해치기 때문이다.

하지만 실물로 받고 모으는 재미는 이길 수 없다. 그래서 다시, 어릴 적 하나씩 모으던 재미를 살린 칭찬 스티커 형태로 실물 쿠폰을 부활시키려 한다. 여기에 인테리어 감성은 치킨 시키면 서비스로 오는 무처럼, 덤으로 챙겨본다.

 쿠폰 작품을 완성하면 치킨 한 세트가 나에게로

우리가 제공할 실물 쿠폰은 종이 쿠폰이나 자석 쿠폰이 아닌 스

한 물간 종이 쿠폰을 한 폭의 예술 작품처럼

티커 형식으로 제작된다. 최초 주문 시 스티커 1개와 스티커 판(스티커를 붙일 수 있는 곳)을 제공한다. 이후 두 번째 주문부터는 스티커만 제공하며, 요청에 한해서 스티커 판을 추가로 제공한다. 스티커는 닭, 콜라, 달걀, 병아리 형태로 제작한다. 치킨 한 마리를 먹기까지의 여정을 느낄 수 있도록 한다는 의도가 숨어있다.

스티커 판 뒤에는 받침대를 제공하여 냉장고에 붙이는 것이 아닌 책상 등에 올려놓을 수 있는 액자 형태로 제작한다. 흔히 쿠폰에는 브랜드명과 함께 몇 개 모으면 프라이드치킨 한 마리 등과 같은 문구가 인쇄되어 있어 누가 봐도 치킨집 쿠폰처럼 보이기 마련이다. 우리는 모든 글씨를 스티커 판 뒤에 인쇄하고, 앞면에는 일러스트로 그려진 스티커 판만 디자인한다. 책상에 올려놔도 미관을 해치지 않는 인테리어가 될 수 있게 말이다. 마치 앙리 마티스가 아닌 치킨 마티스의 그림을 전시하는 느낌이랄까? 그렇게 되면 일상생활의 동선에서 치킨 스티커 판이 시선에 들어온다. 자연스럽게 계속 노출시킴으로써 다음에 치킨을 시켜 먹을 때 우리 치킨집이 먼저 연상되도록 유도한다.

치킨 쿠폰의 변신은 여기서 끝이 아니다. 단순한 인테리어 그 이상의 효과를 내기 위해 수요와 공급의 법칙을 활용하여 동네의 트렌드로 만드는 것이다. 이른바 개수가 한정적인 '특별 스티커'가 그것이다. 치킨집에서는 홍보하고 싶은 신제품이나 판매에 주력해야 할 상품을 선정하여 해당 메뉴를 주문해야만 달걀, 병아리, 콜라 모

한 물간 종이 쿠폰을 한 폭의 예술 작품처럼

마치 앙리 마티스 그림과도 잘 어울리는 쿠폰이랄까?

양의 특별 스티커를 준다. 그렇게 되면 소비자는 스티커 판을 완성하기 위해 달걀이나 콜라 스티커에 해당하는 메뉴를 주문하고, 이는 자연스럽게 다른 메뉴를 먹어볼 수 있는 계기가 된다. 치킨집은 특별 스티커에 해당하는 각각의 메뉴를 기간에 따라 다르게 설정함으로써 재고를 유기적으로 조절할 수 있다.

스티커 판을 완성한 경우 치킨 한 마리를 무료로 주고, 시즌 별로 다양한 소품을 증정하며 변화를 줄 수 있다. 깔끔한 디자인의 병따개, 와인오프너, 드라이버 등 가정에 있지만 크게 디자인에 신경 쓰지 않았던 소품들을 하나씩 주는 것으로 확장한다.

특별 스티커는 특정 메뉴를 홍보하고 판매하는 데에만 유용한 것

이 아니다. 특별 스티커 전략을 통
해 동네 중고 거래에서도 자연스럽
게 홍보가 가능하다. 동네를 기반
으로 한 중고 거래 앱에 '×× 치킨
달걀 스티커 팔아요' '×× 치킨 콜
라 스티커를 일반 치킨 스티커랑
교환하실 분'과 같은 글이 올라오
는 상상을 해보자. 달걀, 병아리, 콜
라 스티커는 희소성을 가지기 때문

에 거래의 대상이 된다. 이러한 글이 동네 주민들에게 노출되면 치
킨집을 알리는 계기가 될 수 있다. 별도의 비용을 지불하지 않아도
자연스럽게 광고가 되는 것이다.

스티커를 받은 소비자는 스티커 판에 붙이고 모으는 재미를 느끼
며, 인테리어 소품으로 활용할 수도 있게 된다. 이렇게 소비자의 안
방을 공략하고 더 나아가 소비자들 사이에서 자발적 홍보와 주문이
일어나는 마케팅 구조까지 만들고자 한다. 이제 우리 동네는 1가구
1스티커 판을 보유하게 될 것이다.

한 물간 종이 쿠폰을 한 폭의 예술 작품처럼

치토스 복권,
치킨으로 돌아오다

 추억 소환, 치토스 복권

　tvN드라마 〈응답하라 1988〉을 보다 보면 무릎을 탁 치며 '아, 맞다. 그땐 그랬지'하는 장면이 제법 많이 등장한다. 그중 '치토스 복권'은 1980~1990년대생들의 어릴 적 추억을 소환하게 하는 것 중 하나였다.

　다양한 간식거리가 없었던 어린 시절에는 300원이면 살 수 있는 과자 한 봉지가 그렇게 맛있었다. 이제는 하루가 다르게 새로운 과자가 쏟아져 나오지만, 구관이 명관이라 하듯 옛날부터 명맥을 이어온 과자가 여전히 인기이다. 1988년 한국 첫 출시 이후 지금까지도 판매 중인 치토스가 그렇다(정확히는 2004년 계약 만기로 한차례 단종된 적이 있었다). 치토스는 광고 속 체스터라는 치타 캐릭터의 대사

"치토스~ 언젠간 먹고 말 거야"만큼이나 함께 들어있던 부속물이 큰 인기가 있었다. 플라스틱 동그란 딱지, 따조와 스크래치 복권이 바로 그 인기의 주범이다. 짭짤한 과자의 맛도 중독성이 있지만, 따조만 챙기고 과자는 정작 먹지 않는 아이들이 있었을 정도로 따조, 스크래치 복권의 인기는 대단했다.

과자 봉지를 열면 제일 먼저 툭툭 내용물을 위 아래로 흔들어서 떠오른 복권을 긁곤 했다. 무수한 "꽝, 다음 기회에" 사이 간혹 "한 봉지 더!"가 나오면 어찌나 기분이 좋던지. 치토스 복권은 아이들 사이에서 거의 유일한 합법적 복권이었던 셈이라 더 인기가 있었다.

🥚 스크래치 복권을 제작한다면

이 추억의 스크래치 복권을 치킨에 넣고자 한다. 여기서 포인트는 복권을 치킨 쿠폰 주듯이 별개로 넣어주는 것이 아니라 안이 보이지 않도록 포장해서 치킨 사이에 넣는 것이다. 최대한 90년대 느낌을 실어서 아날로그 감성으로 접근한다.

스크래치 복권을 제작하는 방법은 크게 3가지로 볼 수 있다. 첫 번째, 주문제작 방식. 두 번째, 완전 자체제작. 세 번째 반 수작업 제작이다.

먼저 첫 번째 주문제작의 경우, 명함 크기로 컬러 인쇄 했을 때 500장 기준으로 3만 원 정도면 제작이 가능하다. 정해진 포맷이나 샘플에서 크게 벗어나지 않는 선에선 맞춤 디자인도 가능하다. 다만 같은 500장 내에서라도 문구를 여러가지 넣게 되면 문구 추가당 2만 원 정도의 추가 비용이 든다. 예를 들어 3가지 버전의 문구를 넣는다고 가정하면, 기본 3만 원에 추가비용 4만 원이 붙어 총 비용은 7만 원이 된다. 500장 기준이니 장당 140원 꼴이다.

스크래치 복권을 직접 제작하는 두 번째 방법은 일종의 가내 수공업인데, 주방세제와 아크릴 물감을 1:1 비율로 섞어 가리고자 하는 문구 위에 덧발라주면 된다. 아크릴 물감은 말리고 긁으면 잘 벗겨지는 특징이 있어 제법 스크래치 복권 느낌이 난다.

이것도 번거롭다 싶다면, 아예 스크래치 스티커를 구입하여 문구 위에 붙이는 방법도 있다. 포털사이트에서 검색하면 다양한 형태로 판매되고 있다. 소량으로 제작할 땐 스티커를 구매해 붙이는 것도

시중에 판매 중인 스크래치 스티커

무광 블랙 스크래치스티커 50p 복권스티커 이...	B급 큰 말풍선 스크래치스티커 2종 쿠폰 복권...	플라워 트레싱지 편지봉투 축하카드 감사카드 ...	B급 큰 하트 스크래치스티커 DIY 복권만들기 ...	8x30mm 실버 직사형 1000p 스크래치...
4,200원 6%	**500원** 37%	**3,000원**	**1,000원** 33%	**31,900원** 8%

출처 : 네이버 스마트스토어 "아부네집"

용이하지만, 단가가 제법 높은 편이라 수량이 늘어날 경우에는 제작 방식이 더 나을 수 있다.

복권에 들어갈 문구와 당첨 확률은 아래와 같다.

문구	당첨 확률
꽝, 다음기회에!	56%
한 마리 더!	4%
치즈볼 2개!	40%

이 외에도 많은 경우를 넣을 수 있지만 '모 아니면 도'의 확률이 재미로 따지면 가장 재미있고, 당첨되었을 때 성취감도 극대화된다. 다만 당첨 확률이 다소 낮으니, 흥미를 떨어뜨리지 않는 정도로 사이드 메뉴 당첨을 추가한다. 치킨집마다 한 마리 교환 쿠폰은 보통 10개~ 15개 정도이고, 교환 비율을 15개로 했을 때 6.67%의 확률로 한 마리가 교환된다. 그런데 한 사람이 쿠폰을 모두 모아 닭 한 마리를 교환하기는 쉽지 않다. 쿠폰을 잃어버리는 경우도 있고, 이사나 선호 치킨의 변화, 가게의 폐업 등으로 쿠폰이 실제로 교환될 확률은 설정한 교환 비율보다 훨씬 더 낮을 것이다. 따라서 배부된 쿠폰의 60% 정도가 회수된다고 가정하여 당첨 확률을 4%로 책정했다. 4%는 기존의 쿠폰 정책의 판촉 비용과 동일한 수준으로 책정한 것일 뿐, 가게의 여력이 된다면 이 비율을 높여도 무관하다. 사이

드메뉴의 경우 다소 높은 확률을 설정했는데, 배보다 배꼽이 더 클지언정 당첨 복권을 썩히기 아까워 치킨을 주문하는 심리를 공략하고자 했다.

당첨 복권은 안타깝게도 배달 앱 주문 시에는 사용할 수 없다. 라이더가 가게 소속이 아니기 때문에 당첨 여부 확인, 금액 할인, 회수가 불가능하다. 따라서 조금 불편하더라도 가게에 전화 주문을 하거나, 방문 포장 시에만 사용 가능하도록 제한을 두었다. 만약 배달 앱에서도 사용 가능하게 하려면, 쿠폰에 일련번호를 넣어 주문 시 할인 코드를 입력하게 한다. 하지만 일련번호를 넣어 제작하게 되면 제작비가 올라가기도 하고, 전산 개발 비용도 무시 못 한다. 그리고 무엇보다도 슈퍼로 가져가 교환했던 옛날 레트로 감성을 살리기 위해 되도록이면 매장 교환 방식으로 진행하는 것이 좋겠다.

신제품 출시로 제품 홍보가 필요할 때 특정 기간에 한정하여 복권을 발행하거나, 평일 판매 활성화 용도로 평일에만 제공되는 복권을 발행해도 좋다. 앞의 케이스와 다른 점이 있다면 사전에 경품과 당첨률을 공개하고 이벤트를 진행해야 한다는 점이다. 욕심나는 경품이 있어도 당첨에 대해 어느 정도 확신이 있어야 주문하지 않을까? 대체 몇 명 줄지도 모르는 경품을 받아보겠다고 지갑을 열려고 하는 사람은 없을 것이다.

평일 구매 고객에게 꽝 없는 스크래치 복권 증정

- 선착순 200명
- 기간 : 2022.OO.OO~ OO
- 경품
  1등 : 치킨 한 마리 쿠폰 20명
  2등 : 치킨 반 마리 쿠폰 10명
  3등 : 사이드메뉴 50명
  4등 : 음료 제공 120명

경품의 판매가가 다음과 같을 때, 원가율 50%를 가정한 마케팅 비용은 485,000원이다.

	치킨 한 마리	치킨 반 마리	사이드메뉴	음료	총 금액
가격(원)	17,000	9,000	6,000	2,000	
개수	20	10	50	120	
금액	340,000	90,000	300,000	240,000	970,000

200명의 고객이 치킨 한 마리씩을 주문했다고 하면 이로 인한 매출액은 340만 원인데, 매출액 대비 마케팅 비용은 14% 정도라 해볼 만한 수준이다. 어릴 적 치토스 복권을 긁던 떨림, '한 봉지 더!'가 나왔을 때 그 짜릿한 기쁨을 치킨 박스를 열었을 때 가장 먼저 복권을 찾는 설렘으로 다시 한번 공유하고 싶다.

치토스 복권, 치킨으로 돌아오다

치킨 박스에 독서실 광고가 있다
'상생 치킨 프로젝트'

2016년부터 크라운제과는 사회공헌 활동으로 '희망 과자' 프로젝트를 진행하고 있다. 그 시작은 죠리퐁 봉지 뒷면에 '실종아동 찾기' 광고를 싣는 것이었다. 포장지 디자인을 조금만 양보하면 되는 어렵지 않은 프로젝트였지만 이 공익적인 시도로 반세기 만에 동생을 찾은 오빠의 사연이 기사화되었다. 과자 봉지에 52년 전 잃어버린 동생을 찾는다는 광고를 낸지 7개월만에 우연히 이 광고를 본 동생에게 연락이 온 것이다. 우리가 무심코 버리던 과자 봉지가 50년을 뛰어넘은 남매의 상봉을 만들어 낸 메신저가 되었다니 예사로이 넘길 수 없다.

이렇게 단순 포장재에 다른 기능을 더해 시너지를 낸 유명 사례가 또 있다. 우리가 어릴 적에 많이 먹었고, 사람에 따라서는 여전히 즐겨 먹을지도 모를 장수 과자 '칸쵸'이다. 네모난 과자 박스를 뜯으면 그 안에 이중 포장으로 과자를 담은 봉지가 들어 있는 게 우리가 아는 칸쵸의 모습이다. 아마도 누군가는 과자를 먹기도 전에 박스부터 뒤집어 숨은그림을 찾고 있었을지 모른다. 칸쵸는 포장재를 제품 포장 기능에만 한정하지 않고 과자 박스에 숨은그림 찾기, 미로 등을 넣어 재미를 더한 것으로 유명하다. 최근에는 인기 캐릭터 '신비아파트' 카드를 제품 뒷면에 인쇄해 아이가 있는 집집마다 칸쵸 사재기 열풍이 불기도 했다.

그저 버려지던 포장재의 잠재력, 치킨 비즈니스에서도 찾아볼 수 있지 않을까.

 식탁 위에 올라가는 치킨 박스

우리가 치킨을 주문하면 대부분은 업체 로고가 덩그러니 인쇄된 박스에 치킨이 담겨온다. 종종 로고와 함께 먹음직스러운 치킨 사진이나 광고를 계약한 연예인의 얼굴이 인쇄되어 오기도 한다. 하지만 좋아하는 연예인이 아니라면 그다지 박스 겉면에 시선을 둘 일이 없다. 별다른 재미도 정보도 없기 때문이다.

치킨을 먹을 때 대부분의 사람은 배달받은 치킨 박스를 그대로 식탁 위에 올린다. 치킨을 주문해서 먹고 정리하는 내내 우리의 시야에 치킨 박스가 있는 것이다. 그럼에도 시선을 끌지 못한다니 참

치킨 박스에 독서실 광고가 있다 '상생 치킨 프로젝트'

으로 아이러니한 일이 아닐 수 없다. 하지만 시선을 끌기만 한다면 장시간 노출이 가능하다는 의미이기도 하다. 시선 한번 제대로 받지 못하고 버려져 왔지만 알고 보면 놀라운 잠재력을 가진 치킨 박스의 여백을 동네 광고판으로 변신 시켜 보자는 게 바로 이 프로젝트의 핵심이다.

고객을 접점에 두고 지역 상권과 상생하다

치킨과 독서실, 눈곱만큼도 접점이 없어 보이는 이질적인 두 단어지만 동네 치킨 박스에 동네 독서실 광고를 실어 판매한다고 생각하면 이야기는 달라진다. 치킨집은 치킨 박스 여백에 광고를 실어주는 대신 돈을 받고, 독서실은 누군가 읽어보기나 할까 싶은 전단지를 뿌리는 대신 치킨과 함께 식탁 위에서 독서실 광고를 노출시킨다.

이 비즈니스 모델이 빛을 발하는 포인트는 '로컬'이라는 지리적 공통점에 있다. 최근 비즈니스 트렌드로 로컬(지역)과 이코노미(경제)를 합친 로코노미(Loconomy)가 주목받고 있다. 우리가 흔히 동네 상권이라고 하는 지역 내에서의 소비활동을 포함하는 용어다. 동네 상권의 고객이 누구인지, 이들은 지역에서 어떤 소비활동을 선호하는지와 같은 정보는 로코노미의 특성을 이해하는 데 매우 중요한 잣대가 된다. 동네 치킨집의 고객과 동네 독서실의 고객이 겹칠 가능성이 매우 높다는 것만으로도 광고판으로 변신한 치킨 박스의 매력도는 올라간다.

의미없이 버려지던 치킨 박스 하나로 치킨집 사장님도, 독서실 사장님도 Win-Win하는 구조가 만들어진다. 그래서 우리는 이 아이디어를 '상생 치킨 프로젝트'라고 부르기로 한다.

 ## 상생 치킨 프로젝트의 상생 구조

브랜드 가치가 없는 동네 치킨집이 프랜차이즈 치킨집과의 경쟁에서 살아남는 방법에는 여러 가지가 있겠지만, 가장 확실하고 빠른 방법은 치킨의 가격을 낮추는 일이다. 하지만 무작정 가격을 낮추는 것은 결국 원재료나 서비스의 질을 낮추는 것과 직결되기 마련이다. 이는 제대로 수익을 내지 못할 뿐만 아니라 낮은 품질에 대한 실망감으로 고객이 떠나는 원인이 된다. 하지만 치킨 박스에 광고를 유치하면 원재료나 서비스의 질을 포기하지 않고도 치킨의 가격을 낮출 수 있다.

우리가 판매할 치킨 박스에는 동네 치과나 소아과, 동물병원, 미용실, 보습학원, 독서실과 같은 지역 상권에 있는 다른 업종의 광고가 들어간다. 여기에서 발생하는 광고 수입의 순수익은 치킨의 가격을 할인해주는 데 활용된다. 의미없이 버려지는 치킨 박스를 광고 매체로 활용하고, 이로 인한 새로운 수익은 그대로 고객에게 환원되어 프랜차이즈 치킨집 대비 가격 경쟁력을 확보하는 것이 핵심이다.

이때 '상생 치킨'의 구조가 제대로 굴러가려면 광고 수익을 '고객에게 돌려준다'는 개념이 고객들에게 충분히 인식되어야 한다. 당신이 광고를 보기 때문에 그 행위에 대한 정당한 리워드로 질 좋은 치킨을 저렴하게 먹을 수 있다는 메시지는 분명 고객들의 구매 만족도를 높이는 요인이 될 것이다.

이러한 개념을 고객들에게 쉽게 인식시키기 위해 '광고가 삽입된 박스'와 '광고가 없는 박스'를 고객이 직접 선택할 수 있도록 페이크 옵션을 둔다. 이는 지역 광고가 삽입된 박스를 주문할 때 가격이 할인된다는 점을 쉽게 인지할 수 있도록 하기 위한 장치다.

🐣 치킨 박스에 광고를 싣고 싶어 하는 대상은 누구인가

동네에서 가게를 운영하는 소상공인들은 전통적인 방법으로 아파트 게시판과 엘리베이터에 광고를 게시하거나, 전단지를 살포하는 것 외에는 홍보할 방법이 마땅치 않다. 게다가 이러한 방법은 고객이 광고에 노출되는 시간이 그다지 길지 않다.

음식점의 경우 '배달의 민족' 같은 온라인 플랫폼을 통해서 홍보가 가능하지만 미용실이나 보습학원 같은 타 업종들은 그런 채널조차 찾기 어렵다. 물론 온라인의 영향력이 커진 만큼 '네이버 검색광고'와 같은 온라인 광고의 비중도 점점 높아지는 추세다. 하지만 지역 기반이라는 한계 때문에 실제 대상 고객에게 노출되는 비율이 낮아 직접적인 효과를 기대하기는 아직 어렵다.

이렇게 어려움을 겪고 있는 지역 기반의 업체들은 모두 우리의 상생 파트너가 될 수 있다. 물론 지역의 특성에 따라 치킨 박스의 광고 효과를 누릴 수 있는 업종은 조금씩 달라질 수 있다. 예를 들어, 1인 가구가 많이 사는 지역이라면 중고가구점이나 코인빨래방의 광고를, 어린 자녀를 키우는 세대가 많은 지역이라면 소아과나 보습학원 광고를 유치했을 때 보다 효과적일 것이다.

🐣 '상생 치킨'의 광고 효과 측정하기

치킨이라는 본업 이외에 꾸준하게 광고를 유치하기는 분명 쉽지 않은 일이다. 따라서 '상생 치킨'이 지속가능한 모델이 되려면 초기 광고주를 만족시켜야 하는 것은 물론이고 이들을 통한 입소문을 관리하는 것이 매우 중요하다. 광고주를 만족시키려면 투자한 만큼의 광고 효과를 느끼게 만드는 장치가 필요하다. 즉, 광고의 도달률 또는 전환율 등에 대한 추적이 가능한 구조를 만드는 것이다.

대중화된 기술을 활용하여 손쉽게 전환율을 측정하는 방법으로는 치킨 박스에 광고 업체의 QR코드를 삽입하는 것이 있다. 고객이 '상생 치킨' 박스를 받기만 하면 500원 선할인, QR코드까지 스캔해서 '지역광고'를 봤다면 500원의 리워드를 지급하여 재주문 시 추가 할인을 제공한다.

QR코드로 연결된 상생 치킨 박스의 전환율 측정은 방문자 통계 기능을 가진 온라인 페이지를 활용하는 것이 좋다. 홈페이지를 개설하기 어렵다면 네이버나 다음과 같은 포털사이트의 블로그를 활용하여 간단하게 해결할 수 있다. 특히 네이버의 경우 블로그에 글 하나를 게시할 경우 게시글마다 기간별 방문자 수 및 유입 경로까지 확인할 수 있어서 더욱 정확한 전환율을 제시할 수 있다. 이외에도 무료 URL 단축 서비스인 비틀리(Bitly)와 같은 사이트에서도 어드민 통계 서비스를 제공하고 있으니 본인에게 편한 플랫폼을 선택하여 활용하면 된다.

우리는 상생 치킨을 통해 다음과 같은 지표들을 관리할 수 있다.

트래킹 지표	지표의 의미	효과
상생 치킨 주문 횟수	광고가 인쇄된 치킨 박스를 받은 가정(세대)의 수	광고 노출
QR코드 스캔 횟수	광고를 적극적으로 인지하고 행동한 사람의 수	광고 도달
미션 수행 횟수	광고주가 추가로 설정한 미션을 수행하여 별도의 치킨 리워드를 받은 사람의 수	매출 전환

세 번째 지표인 미션 수행 횟수의 경우, 광고주의 요청에 따라 '홈페이지로 이동하기' '예약하기' '주문하기' 등의 별도 미션을 추가로 설정하여 치킨 리워드의 금액을 높일 수도 있다. 물론 이 경우에는 광고주가 별도의 온라인 페이지를 갖고 있거나 없다면 만들어야 하는 번거로움이 있지만 저렴한 가격으로 손쉽게 온라인 페이지를 개설할 수 있는 서비스도 있으니 다양한 자원들을 활용하면 된다.

이는 '상생 치킨'이라는 비즈니스 모델이 단순히 부가 수익을 창출한다는 개념을 넘어, 상품이나 서비스 비용을 사용자가 아닌 제3자가 지불하는 구조로의 확장 가능성을 보여 준다.

🐣 광고주와 함께 부담하는 광고 비용

앞에서 언급한 대로 고객은 광고가 있는 박스를 선택하기만 해도 500원의 할인을 적용받는다. 여기에 치킨 박스 광고의 QR코드를 스캔하여 들어가면 추가로 500원의 리워드를 받을 수 있다. 이 중 선할인 되는 500원은 치킨집 사장님과 광고주가 250원씩 반반 나누어 내고, QR코드로 유입되는 고객에 대한 리워드 비용은 광고주가 부담한다.

선할인 비용을 치킨집 사장님과 광고주가 반반 나누어 내는 것을 제안하는 이유는 치킨 판매량에 대한 광고주의 불신을 어느 정도 희석시키기 위함이다. 이 역시 Win-Win이라는 상생의 가치를

치킨 박스에 독서실 광고가 있다 '상생 치킨 프로젝트'

담은 장치라고 할 수 있다.

한 달에 1,000마리의 치킨을 판매한다고 가정하고, QR코드를 스캔하여 추가 리워드를 받는 고객의 비율을 30% 수준으로 설정하면, 선할인 25만 원에 추가 리워드 15만 원을 더해 월 40만 원 내외의 광고 비용이 발생한다. 월 40만 원은 로컬의 자영업자가 지불하기 부담스럽지 않은 규모의 광고마케팅 비용이다. 만약 물가 인상으로 광고마케팅 비용에 대한 기준이 올라간다면 광고 비용이 올라간 만큼 고객에게 더 높은 할인을 제공하는 정책을 적용함으로써 시세를 맞춰가는 것도 좋은 방법이다.

광고는 박스 인쇄의 최소 단위인 3,000매 규모로 계약하고, 이를 몇 개월에 나눠서 제공할지 등에 대한 세부적인 요건을 광고주와 조율한다. 만약 광고주가 박스 소진에 월 제한을 두지 않는다면 치킨 판매 실적이 좋을 경우, 1~2달 내에 계약이 종료될 수 있다.

2019년 중소기업중앙회의 조사 결과에 따르면 전단지 등 지역 광고지에 광고를 집행하는 음식점들의 지출 비용은 월평균 37만 3,000원이었다. '상생 치킨'의 광고는 전단지 등의 광고보다 더욱 명확한 효과 측정이 가능하면서도 적정한 가격을 제안하고 있음을 시사한다. 버려지는 치킨 박스에서 새로운 가능성을 발견한 것처럼 다른 요소들에서도 가능성을 발견하길 기대해본다.

집필후기 **5** 타키

> **중요한 것은 우리가 치킨을
> 너무 사랑한다는 것이다**

우리가 먹는 치킨은 암탉인가? 수탉인가? 정답은 암탉이다. 이상하지 않은가? 정작 광고나 닭을 주제로 한 모델은 죄다 수탉이다. 그런데 식탁에 오르는 친구들은 암탉이다. 재주는 암탉이 부리고 칭찬은 수탉이 받아먹는 느낌이다. 우리가 사회에서 많이 겪는 모양새다. 일러스트 작업을 할 때 암탉 수탉을 구분해서 그렸다. 나는 그렇게 그렸다. 튀겨진 상태라 구분하긴 힘들겠지만.

치킨을 생각하면 질문이 많아진다. 암탉과 수탉의 생김새의 차이를 아는가? 우리가 먹는 달걀은 유정란인가? 무정란인가? 수탉은 왜 늘 암탉 뒷머리를 때리는가? 등. 하지만 다 집어치우자. 중요한 것은 우리는 치킨을 너무 사랑한다는 것이다. 이 책은 그래서 만들어진 이야기와 그것들의 묶음이다. 특별히 치킨을 좀 더 사랑하는 사람들의 심하게 진지한 고민들이다. 그러니 우리 닭치고 이제 치킨에 대한 이야기나 해 보자!

치킨 박스에 독서실 광고가 있다 '상생 치킨 프로젝트'

CHICKEN

6장

시대추적

시대의 변화를 읽는
치킨이 되자

술만 킵(Keep) 하나요?
이제 치킨도 킵한다. '킵닭'

 1인 가구 전성시대

'1인 1닭'이라는 신조어가 등장했다. 말 그대로 한 사람이 한 마리의 치킨을 전부 다 먹는다는 뜻이다. 치킨이 너무 맛있으니 한 명당 한 마리는 거뜬하다는 의미도 있겠지만, 1인 가구가 늘어나면서 1인 1닭을 해야만 하는 경우가 발생하다 보니 나온 신조어가 아닐까 싶다.

'1인 1닭, 정말 가능한가?'라는 궁금증을 가져본 적이 있을 것이다. 평균적으로 치킨 브랜드들이 쓰는 닭은 생닭 10호로 약 1kg의 닭을 사용한다. 손질하고 튀기는 과정에서 1kg보다 조금 덜한 무게가 되는데, 뼈 무게 등을 고려해서 600g이라고 하더라도 돼지고기 200g을 1인분으로 잡는다고 하면 이는 약 3인분에 해당한다. 이렇듯

3인분에 해당하는 치킨을 혼자 다 먹을 수 있을까? 1인 가구의 고민을 포털사이트 검색 트렌드에서 찾을 수 있었다.

 제 치킨 좀 살려주세요

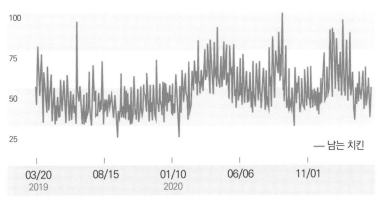

출처 : 네이버 검색 트렌드의 '남은 치킨' 검색 횟수

위의 표를 보면 꾸준하게 '남은 치킨'에 대한 검색량이 존재 하는 것을 알 수 있다. 실제로 남은 치킨을 검색하면 보관을 어떻게 해야 하는지, 다시 먹을 때 갓 배달 온 식감을 느끼기 위해서 에어프라이어에 얼마나 돌려야 하는지와 같은 팁을 제공하는 글이 많이 보인다. 이러한 질문들과 팁이 회자되는 근본적인 원인은 바로 시간이 지나면 지날수록 치킨은 눅눅해지고 맛이 없어지기 때문이다.

하지만 애초에 남는 치킨이 없다면 어떨까? 처음부터 한 마리를

술만 킵(Keep) 하나요? 이제 치킨도 킵한다. '킵닭'

1kg의 생닭 10호가 아닌 절반 크기의 생닭 5호(500g)를 쓰게 된다면 가능할 수도 있다. 하지만 이를 위해 별도로 생닭 5호를 수급한다면 생닭 10호와 함께 보관해야 하므로 재고 관리의 문제가 발생한다. 그보다 큰 문제는 가격이다. 작으면 작을수록 싸다고 생각할 수 있겠지만, 5~6호가 일반 치킨에 쓰이는 10호보다 가격이 비싸다. 9-10호는 kg당 3,769원이지만 5~6호는 4,267원으로 약 13% 더 비싸다.

아니면 애초에 반 마리는 파는 건 어떨까? 다양한 브랜드에서 1인 가구를 타겟으로 반 마리 메뉴를 출시하고 있지만 거의 한 마리와 다를 바 없는 비싼 가격으로 역풍을 맞고 있다. 한 번 팔 때 수익이 있어야 하기 때문에 어쩔 수 없이 가격이 상당하다. 이럴 바에 그냥 한 마리 먹고 말겠다 하는 의견이 많다.

이러한 문제를 해결 하기 위해! 1인 가구의 치킨을 바삭하게 먹을 권리를 보장하기 위해! 여기 반 마리를 제값에 팔면서 치킨집 사장님의 수익도 챙길 수 있는 방법을 제안한다.

일자	닭고기(냉장, 벌크, 원/kg)					
	5-6호	7-8호	9-10호	11호	12호	13-16호
2022년 6월 11일	4,267	4,085	3,769	3,621	3,379	3,336

출처 : 사단법인 한국육계협회 닭고기 시세표

반 마리는 킵 할게요

"킵(Keep) 해주세요"라는 문장을 한 번쯤 들어봤을 것이다. 보통 바에서 남은 위스키를 보관해두었다가 다음에 방문해서 먹을 때 이 말을 사용한다. 이러한 킵 방식의 소비는 GS25 편의점에서도 가능하다. 2+1이나 1+1의 상품을 구매하되 1개만 가져가고 나머지는 나중에 가져가는 방식으로 유통기한의 문제없이 많은 양의 상품을 구매할 수 있다. 이처럼 치킨 또한 킵을 하면 어떨까? 멋지게 '저번에 킵한 위스키 주세요' 하는 대사는 이제 치킨집에서도 가능하다. '반 마리는 킵 해주세요~' 이름하여 '킵닭'이다.

킵닭의 시스템은 간단하다. 먼저 한 마리의 금액을 결제하되, 치킨은 반 마리만 제공한다. 고객은 갓 튀긴 반 마리를 맛있게 먹는

술만 킵(Keep) 하나요? 이제 치킨도 킵한다. '킵닭'

다. 남은 치킨은 걱정하지 않아도 된다. 이후 특정 기간 이내에 간단하게 전화나 버튼 한 번으로 다시 반 마리를 주문하면 된다. 더이상 남은 치킨을 살리려 심폐소생하지 않아도 되는 것이다.

조금 더 자세하게 킵닭의 시스템을 설명하자면 다음과 같다.

1 최초 주문자(소비자)는 결제시 한 마리 가격과 배달료를 결제한다.
2 치킨집은 냉동고에서 반 마리만 튀겨서 배달한다. 이때, 사이드 메뉴 판매를 권장한다. 반 마리의 아쉬움을 해결해줄 사이드 메뉴라며 킵닭을 주문할 경우 사이드 메뉴 할인을 해주면 매출 증진도 노려볼 수 있다.
3 이후 남은 반 마리는 다른 메뉴에 혹은 킵닭을 주문한 다른 고객에게 사용하면 된다. 남은 반 마리를 20일 동안 냉동 보관한다는 개념이 아니다. 향후 고객이 다시 시킨다면 그때 있는 신선한 닭을 사용해서 반 마리를 튀긴다.
4 소비자는 20일 이내에 2차 주문을 해야 한다(20일 산정 기준 : 한국성인 기준 1년에 치킨 20마리 소비, 약 18.25일로 20일 이내로 설정).
5 20일 이내 2차 주문이 오면 배달료를 받고 반 마리를 튀겨서 배달한다.

6 2차 주문 또한 사이드 메뉴 할인을 받을 수 있다. 2차 주문은 1차 주문과 같은 메뉴로 하지 않아도 된다. 양념 소스를 바꾸어 소비자가 원하는 메뉴로 변경이 가능하다. 예를 들어 1차 주문에서는 프라이드를 시켰으나 2차 주문에서는 1,000원을 더 주고 간장 맛으로 변경할 수 있다.

7 1차 주문으로부터 20일을 초과할 경우 남은 반 마리 금액의 절반만 환불된다. 예를 들어 한 마리에 15,000원일 경우 반 마리 7,500원의 절반인 3,750원이 환불된다.

소비자 입장에서는 먹고 나서 남는 치킨을 처리하지 않아도 될 뿐더러 20일 이내에 갓 튀긴 치킨을 또 먹을 수 있다. 사이드 메뉴 할인은 덤이다. 한 가지 유일한 문제점은 누구나 예상한 것처럼 배달비가 2배로 소모된다는 점이다. 배달비의 구조를 먼저 살펴보자. 사실 배달비는 사장님과 소비자가 함께 비용을 내기 때문에 모두에게 부담인 부분이다. 매출 시뮬레이션을 통해 실제로 얼마의 수익이 나는지 확인해보았다.

평균 배달 거리 1.5~2km 기준 배달비를 약 5,000원 정도라고 가정하고 소비자 부담 2,000원, 사장님 부담 3,000원으로 계산했다. 소비자에게 혜택을 주기 위해 2회차 주문 시 배달비를 2,000원에서 1,500원으로 할인해 준다. 고객이 사이드 메뉴를 1, 2회차 주문한다

	치킨	배달비(업주부담)
1회차	15,000	3,000
닭 1마리 당 수익		12,000

	치킨	사이드	배달비(업주부담)
1회차	7,500	4,000	3,000
2회차	7,500	4,000	3,500
합계	15,000	8,000	6,500
킵닭 1마리 당 수익			16,500
기본 닭 1마리 대비 킵닭 수익			4,500

는 가정하에는 닭 한 마리보다 킵닭 한 마리를 파는 것이 5,000원의 추가 매출을 얻을 수 있다.

또한 치킨집은 우선적으로 반 마리를 팔면서 한 마리 가격을 받는다. 말 그대로 1타 2피, 주문을 받는 순간 미래의 고객까지 한 번에 확보하는 셈이다. 한 사람당 두 번의 주문이 발생하기 때문에 사이드 메뉴를 판매할 기회도 2배가 되는 기적이 일어난다. 사이드 메뉴로 인한 추가 수익 외에 20일 이내에 주문하지 않을 경우 발생하는 낙전(落錢)수입도 기대해볼 수 있다.

그렇다고 소비자가 깜빡해서 20일이 지나가기만을 그릇에 물 떠

놓고 기도하지 말자. 그것보다는 10일 전, 5일 전 안내 문자를 통해 잊지 않도록 알려준다. 소비자 입장에서는 치킨집이 나머지 반 마리를 잘 챙겨주고 있다는 신뢰를 느끼면 다음에도 킵닭을 주문하는 원동력이 될 것이다.

소비자는 적당한 양의 갓 튀긴 치킨을 먹을 수 있고, 두 번째 주문은 배달비도 할인된다. 사장님은 사이드 메뉴 매출을 기대할 수 있다. 킵닭이 입소문을 타면 더욱더 매출이 상승할 것이다. 이제 바에서 '위스키 킵 할게요'가 아닌 '치킨 반 마리 킵 할게요'가 더 많이 쓰이는 시대가 오지 않을까?

한 번에 두 끼를 책임지는
치킨 변신 세트!

코로나19의 장기화로 인해 우리 생활에 많은 변화가 찾아왔다. 그
중에서도 외출 자제와 더불어 재택근무가 확산되었다. 이로 인해 우
리는 자연스럽게 집에서 밥을 먹는 비중이 증가했다. 말 그대로 집밥
전성시대다.

 편하지만 있어 보이는 요리

색다르게 집밥을 먹는 방법이 여기에 있다. 바로 '밀키트'다. 직접
음식을 만들어 먹으려면 처음부터 끝까지 많은 시간이 소요되고 번
거롭다. 메뉴에 따라 다르겠지만 재료를 준비하고, 손질하고 요리
하는 데 최소 30~40분 이상이 걸리기 때문이다. 그 때문에 밀키트

라고 불리는 HMR(Home Meal Replacement, 가정간편식)이 급부상하고 있다. 밀키트는 손질된 식자재와 양념, 누구나 쉽게 따라 할 수 있는 조리법으로 구성되어 있다. 직접 요리를 하지만 시간을 절약할 수 있고, 직접 내가 요리해서 건강한 끼니를 챙긴다는 뿌듯함도 느낄 수 있다. 글로벌 마켓 리서치 사인 유로모니터에 따르면 2018년 345억 원이었던 국내 밀키트 시장은 2020년 1,882억 원으로 4배 이상 급증했다. 배달 음식과 더불어 밀키트 시장도 크게 성장하고 있는 것이다. 이 매력적인 시장에서 대표적 배달 음식인 치킨이 할 수 있는 일이 있을까?

치킨×밀키트 콜라보로 1배달 2끼니 시대를 열다

치킨과 밀키트를 결합해 배달 한 번에 끼니를 두 번 챙길 수 있는 기적을 실현하려 한다. 남은 치킨을 밀키트를 활용해 아예 새로운 메뉴로 만드는 것이다. 실제로 남는 치킨을 활용한 조리법이 다양하게 블로그 글로 존재한다. 하지만 냉장고를 열었을 때 부재료가 없을 확률이 높다. 결국 남는 치킨은 새롭게 태어나지 못한 채 식은 치킨으로 삶을 마감한다. 하지만 치킨의 변신을 위해 모든 것이 준비되어 있다면? 심지어 재료까지 손질되어 있다면? 만드는 데 15분도 걸리지 않는다면? 치킨과 밀키트를 한번에 판매해서 소비자의 다음 끼니까지 챙겨주는 '치킨 변신 세트'를 소개한다.

한 번에 두 끼를 책임지는 치킨 변신 세트!

치킨 변신 세트 '치킨마요 덮밥'

- 구성 : 손질된 양파, 김 가루, 마요네즈, 베이스 양념 소스, 달
걀, 소금, 후추, 설명서

- 가격 : 3,000원 (일반 사이드메뉴 가격과 비슷하게 제공, 주요 식자재
인 양파와 달걀 합산 한국 소비자원 기준 1,000원 미만. 그 외 소스 가
격 등 합산 등으로 원재료는 2,000원 미만 예상)

단계	조리 방법
Stop0	치킨 변신 세트와 프라이팬을 준비해 주세요. 스크램블 에그와 양념 된 양파를 조리해야 합니다.
Step1	우선 남은 치킨의 살을 발라내고 잘게 쪼개어 손질합니다.
Step2	달걀을 풀어서 달걀 물을 만들어준 뒤, 소금과 후추로 간을 해 주세요.
Step3	달궈진 팬에 식용유를 두르고 달걀 물을 부어준 뒤 젓가락으로 휘저어 스크램블을 만들어 주세요.
Step4	닦아낸 팬에 양념장과 양파, 물 4스푼을 넣고 끓여주다가 손질해둔 치킨을 넣고 함께 졸여 주세요.
Step5	그릇에 밥을 담고 스크램블 에그로 덮은 다음, 졸여둔 치킨과 양파를 올려 주세요.
Step6	마요네즈를 지그재그 모양으로 뿌려주고 김 가루를 올려 완성합니다.
만약에…	만약 치킨이 남지 않았다면? 치킨 대신 햄이나 비엔나소시지를 활용해 보세요. 맛있는 소시지 덮밥이 완성됩니다.

흔한 1인 가구의 남은 치킨 보관법

　'치킨 변신 세트'는 사이드 메뉴로 판매하며, 어떤 치킨을 시켜도 활용할 수 있도록 한다. 양념치킨이라면 양념이 가미된 덮밥, 간장 치킨이라면 간장의 맛이 가미된 덮밥이 되는 것이다.

　이와 같은 조리 방법을 안내해 손쉽게 치킨마요 덮밥을 만들 수 있도록 한다. 불과 3,000원으로 다음 끼니를 챙겨 먹을 수 있게 되는 것이다. 밖에서 한 끼를 먹으려면 적게는 7,000원 많게는 10,000원이 드는 요즘 시대에 3,000원이면 웬만한 편의점 도시락보다도 저렴하다.

치킨 변신의 흥행을 위해 해야 할 일

이렇게 사이드 메뉴로 밀키트를 같이 판매하기 위해서는 어떤 준

　　　　　　　　　　한 번에 두 끼를 책임지는 치킨 변신 세트!

킨의

변신은 무죄

영업장 명칭 및 소재지 : 서울 탁별시
유통기한 : 별도 표기일까지
원재료명 : 청양파, 버섯, 소금, 후추, 마요네즈 꼬금들
달걀, 김가루, 남은치킨들
1. 남은 치킨을 잘 보관한다
2. 뜨거운 불에 대파를 어수썰어 파기름을 낸다
3. 대파의 색이 변하면 버섯, 청양파를 넣고 볶는다
4. 마지막으로 치킨과 밥을 넣고 잘 섞어준다
5. 맛있게 먹는다

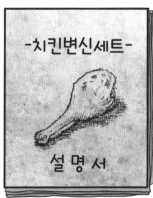

-치킨변신세트-

설명서

소금 후추 마요

비가 필요할까? 바로 재료의 공급과 홍보이다. 재료의 공급은 직접 재료들을 구해서 손질하고 포장하는 방법도 있겠지만 치킨 손질만으로도 시간이 벅찰 것이다. 다른 재료는 몰라도 소스의 포장 같은 준비가 쉽지 않기 때문이다. 그렇다면 역시 외부에서 수급하는 것이 방법이다. 밀키트 특성상 신선 재료에 속해 유통기한이 길지 않다. 때문에 시중에 있는 전문 업체와 계약을 맺고 밀키트 형태의 제품을 납품받는다. 전체적으로 종이 박스 형태에 제공하며 소스와 김 가루, 양파는 비닐 팩에 포장, 달걀의 경우 깨지지 않도록 조그마한 플라스틱 통에 제공한다. 또한 유통기한을 고려해 소량으로 납품받으며 판매 추이에 따라서 납품 개수를 늘려간다. 냉장고에 보관하며 배달을 나가기 직전 밀키트를 꺼내 배달한다. 밀키트 업체도 새로운 판매 경로를 확보하는 셈이며, 치킨집 사장님 또한 매출 상승을 기대할 수 있다. 조리 설명서 정도는 인터넷의 다양한 디자인 무료 툴(Canva 등)을 이용하여 쉽게 제작할 수 있으니 디자인에 대한 걱정은 덜어두자.

두 번째로, 이러한 신개념 사이드 메뉴를 판매하기 위해서는 홍보 전략을 잘 구성해야 한다. 이른바 'Easy&이득' 전략이다. 시중에 치킨마요 덮밥 밀키트는 생 닭 가슴살이 들어있다. 그래서 직접 튀김옷을 입히고 튀겨야 한다. 집에서 튀긴 음식을 만드는 것은 쉬운 일이 아니다. 우리의 치킨 변신 세트는 치킨마요 덮밥 요리에 있어서 가장 번거로운 단계를 없애준다고 홍보한다.

한 번에 두 끼를 책임지는 치킨 변신 세트!

또 치킨 변신 세트가 잘 팔린다면 후발주자들이 쉽게 따라할 수 있다. 하지만 현실적으로 이를 막기란 쉽지 않다. 치즈볼의 경우에도 2014년 BHC에서 출시했지만 지금 웬만한 치킨 프랜차이즈들은 다 사이드 메뉴로 치즈볼을 구비하고 있다. 이렇듯 메뉴 자체를 막기는 힘들다. 하지만 선점 효과라는 것은 분명히 존재한다. 이를 적극 활용하여 메뉴 브랜딩을 적극적으로 하여 소비자에게 각인시켜야 한다.

치킨 변신 세트를 통해 더이상 전자레인지에 남은 치킨을 돌리지 않아도 된다. 눅눅한 치킨은 오히려 훌륭한 메뉴로 변신한다. 이로써 단순히 치킨을 파는 것이 아닌 치킨을 먹고 난 뒤, 소비자의 다음 끼니까지 챙겨주는 1배달 2끼니의 치킨집이 될 수 있다.

댕냥이를 위한 치킨집

KB경영연구소에서 발행한 「2021 한국반려동물 보고서」에 따르면 2020년 말 기준 국내 반려인은 1,448만 명이다. 반려동물 양육 가구는 604만 명으로 전체 가구의 29.7%이다. 그중 80.7%는 강아지이고 25.7%는 고양이이다(중복 포함). 향후 양육을 희망하는 비중은 무려 33%로 현재 반려 가구보다 많기 때문에 앞으로 증가세는 계속될 것으로 보인다. 농촌경제연구원은 국내 반려동물 시장이 2027년에 6조 원까지 늘어날 것이라고 발표했다. 코로나로 인해 집콕족(집에 콕 박혀 있는 사람들)이 늘어나면서 반려동물과 함께 하는 시간도 더욱 늘어나기 때문이다. 반려동물은 또 하나의 가족이기에, 단순히 기르는 것을 넘어서 함께 하는 시간 동안 잘 소통하고 교류하는 것도 중요하다.

반려가구의 소비 1순위는 사료비(33.4%)이며 2순위는 간식비(17.8%)이다. 반려동물의 먹거리는 가장 많은 비용을 들이는 만큼 중요하다. 우리가 가족끼리 식사를 하는 것처럼, 반려동물과 식사를 같이 할 수 있다면 어떨까? 우리가 치킨을 먹을 때에도 반려동물과 함께 교류하는 시간을 만들 수 있다면 어떨까?

나는 치맥 먹을 때, 강아지는 댕치맥!

강아지와 고양이를 기르는 반려인들은 치킨을 먹고 있는 동안 그들의 안타까운 표정을 본 기억이 있을 것이다.

나 혼자 치킨과 맥주를 먹고 있을 때 강아지가 내 앞에 쪼르르 와서 하나 달라고 하는 것처럼 불쌍한 표정을 지으면 간식이라도 꼭 줘야 할 것 같다. 내가 먹을 치킨을 주문할 때 댕댕이를 위한 치킨과 맥주를 함께 주문할 수 있다면 어떨까? 더이상 내가 치킨을 먹는 동안 욕망 가득한 강아지의 눈을 외면할 필요 없이 같이 치킨을 먹으면서 그 시간을 공유할 수 있다. 치킨뿐만 아니라 댕댕이를 위한 맥

내가 치킨 먹을 때 유독 슬픈 댕댕이

 ab***** ⊙
2022. 00. 00.

치킨 먹을 때마다 댕댕이가 쳐다보면 미안해 죽음 … ㅋㅋㅋ

답글 작성　　　　　　　　　　　　　　　　　👍 5　👎 3

주나 다른 간식들도 함께 주문할 수 있다면 견주들은 이왕이면 그냥 치킨집보다는 내 반려동물과 함께 시간을 나눌 수 있는 치킨집을 선택할 것이다.

시장에서는 이미 몇 가지 사례들이 있다. 2019년 7월 치킨플러스에서 반려견 전용 간식인 '댕댕이 치킨'을 출시했다. 당시 '치킨에 행복을 더하다'라는 브랜드 슬로건으로 펫푸드 전문업체와 함께 성분까지 신경썼다. 그리고 SNS에서 화제가 된 '멍무이' 캐릭터를 앞세워 홍보했다. '트릿테이블'이라는 사이트에서는 치킨뿐만 아니라 치킨무를 비롯하여 멍맥주, 멍소주 등 강아지를 위한 주류까지 제공하고 있다. 치킨집에서 치킨 간식을 제공할 때 활용할 수 있는 몇 가지 방식에 대해 살펴보자.

 ## 신뢰 있는 성분 표기는 기본

반려동물의 먹거리를 선택할 때 가장 중요한 것은 성분과 기호이다. 앞서 언급한 「2021 한국반려동물 보고서」에 따르면 사료 구매 시 고려사항 중에서 영양성분이 54.6%로 1위이고, 반려동물의 기호가 42.8%라고 한다. 치킨플러스의 댕댕이 치킨도 펫푸드 전문 업체와 협업한 걸 보면 그런 점을 충분히 고려한 것으로 보인다.

사료는 대부분 인지도가 있는 제품을 먹이는 경우가 많기 때문에 성분에 대한 우려는 어느 정도 해소를 할 수 있다. 하지만 문제는 간식이다. 반려인들은 반려동물에게 조금이라도 좋은 간식을 먹이기 위해 검증된 유기농 간식이나 수제 간식을 찾는다. 사료제조업 등록을 하지 않거나 성분 등록을 하지 않은 업체들이 있기 때문이다. 실제로 2016년도에는 수제 간식 무허가 판매업체들이 기승을 부려 소비자들의 불만이 많았다. 2019년에는 한국소비자원에서 판매 순위 25개 업체의 반려동물 수제 사료와 간식에 대한 안전 조사 결과, 무방부제 표기 15개 제품 중 7개 제품에서 방부제가 검출되었다. 이런 문제들이 자주 발생되는 이유 중 하나는 아직 반려동물 식품은 관련 법령이 엄격하고 구체적으로 정해져 있지 않기 때문이다. 사료관리법상 보존료 성분 기준 등이 미비하고 원산지 표기 규정이 제대로 없다. 그렇기 때문에 반려인들은 불안감을 안고 먹일 수밖에 없는 것이다. 이럴수록 성분을 투명하게 공개하고 정확하게 전달한다면 고객들의 마음을 살 수 있을 것이다.

반려인들의 공감을 일으킬 쉽고 감성적인 경험 제공

반려동물 전용 치킨을 신뢰할 수 있는 정보와 함께 제공하면서 동시에 반려인들에게 공감을 일으킬 경험을 선사하기 위해 3가지 의견을 제안한다.

첫째, 현재 운영 중인 치킨집에서 댕댕이 치킨을 함께 제공하는 것이다. 트릿테이블 등 반려동물 전문 간식 업체와 제휴해서 미리 제품을 확보한 후, 고객이 주문 시에 함께 배달하는 방식이다. 치킨을 주문할 때 반려인들의 가장 큰 니즈 중 하나는 나 혼자만 치킨을 먹으면서 댕댕이를 바라볼 때 드는 미안함을 해소하는 것이다. 물론 반려인들이 치킨을 주문할 때 간식 업체에 따로 주문할 수도 있다. 하지만 사람들이 일단 댕댕이 치킨을 제공하는 업체를 잘 모르고, 안다고 하더라도 댕댕이 치킨을 따로 주문해야 하기 때문에 번거롭다. 댕댕이 치킨을 함께 판매하게 된다면 반려인들이 더욱 손쉽게 주문해서 댕댕이와 함께 먹을 수 있게 된다.

둘째, 인스타그램 등 SNS에 올리고 싶도록 간식 모양 및 패키지 디자인을 귀엽게 제공한다. 인스타그램에 댕댕이 간식, 강아지 간식을 검색해보면 하나 같이 모두 다 너무 귀엽다. 댕댕이가 먹는 치킨을 검색해보면 사람들이 먹는 치킨보다 더 노랗고 귀엽다. 즉, 반려인들이 강아지 간식을 찾는 경우는 아이들에게 보상을 주거나 다양한 먹을거리를 제공하기 위한 간식의 고유 용도 외에 특별한 간식을 먹이고 있다고 다른 사람들에게 알리는 소통의 목적도 있다. 그런 니즈를 충족하기 위해서는 댕댕이 간식은 남들에게 자랑할 수 있도록 '인스타그래머블'해야 한다. 사진 찍기에 좋은 색상이나 디자인이면 더욱 좋다. 실제로 수제 간식 업체인 트릿테이블에서는 메뉴뿐만 아니라 패키지 디자인에도 많은 공을 들이고 있으며 인스타그램에 업로드되는 사진들도 대부분 댕댕이, 냥냥이와 함께 찍은 귀여운 사진들이다.

댕냥이를 위한 치킨집

셋째, 낮의 영업시간을 활용해서 댕냥이 수제 간식 만들기 원데이 클래스를 제공한다. 매장을 운영할 때 유휴 시간인 데드타임에 새로운 메뉴를 제공함으로써 공간 활용을 극대화하는 전략이 있다. 저녁에 고기와 주류를 판매하는 식당에서 점심시간에는 김치찌개를 판매하는 식이다. 이 방식을 치킨집에 활용하면 추가 매출을 기대할 수 있을 것이다.

그뿐만 아니라 나의 댕댕이에게 사랑을 보여 줄 방법으로 맛있는 음식을 정성스레 직접 제공하는 것이 될 수도 있다. 반려동물 전용 치킨집에서 수제 간식 만들기 원데이 클래스를 제공한다면 반려동물에게 직접 간식을 만들어 주고 싶은데 혼자서 하기 힘든 반려인들이 참여할 것이다. 상대적으로 주문량이 적은 평일이나 주말 점심때 매장 공간을 활용하여 원데이 클래스를 열고 댕냥이를 위한 간식을 만든다면 매장 공간 활용의 효율성도 높일 수 있고 추가 매출까지 기대할 수도 있다. 그리고 궁극적으로는 사람들뿐만 아니라 반려동물의 먹거리까지 중요하게 생각하는 매장이라는 긍정적인 이미지를 심어주어 사람들은 본인이 먹는 치킨을 시킬 때도 다른 브랜드보다 더 많이 주문할 것이다.

이처럼 사람만을 위한 치킨을 조리하고 배달했던 기존 치킨집과 달리 반려동물 시장의 트렌드에 맞춰서 새로운 고객 유치를 위한 메뉴를 개발함과 동시에 그들의 심리적인 부분까지 고려한다면 새로운 차별화 전략을 취할 수 있을 것이다.

닭 뼈를 재활용하는 방법

2021년을 지나 현재까지 전 세계 경제를 움직이는 큰 화두 중 하나는 ESG이다. ESG는 환경(Environmental), 사회(Social), 지배구조(Govenance)를 뜻하며, 단순히 보여 주기식이 아닌 장기적인 관점에서 지속 가능한 기업의 필수 과제로 인식되고 있다. 2015년 파리협정과 2016년부터 구체화된 UN의 지속가능발전목표(UN-SDGs: UN Sustainable Development Goals), 그리고 미국에서 조 바이든 대통령이 2050년까지 탄소 중립을 선언하면서 전 세계의 ESG 활동이 가속화되었다. 한국도 마찬가지다. 친환경과 전기차 관련 산업에 투자를 늘리겠다는 '그린 뉴딜' 정책을 시작으로 관련 기업의 주식이 영향을 받고 있다.

ESG 중에서 소비자들이 쉽게 실천할 수 있는 것은 환경과 관련된 활동이다. 요즘 소비자들은 가치 소비를 중요하게 생각한다. 예를 들어 개인 텀블러로 주문하는 경우 가격을 할인해주는 카페를 선택하는 식이다. 코로나로 인해 택배가 늘어남에 따라 포장 용기를 활용 가능한 종이백이나 별도 보냉팩 등으로 교체하려는 움직임도 늘어나고 있다. 하지만 배달 산업에서의 ESG 활동은 사례가 많지 않다. 배달은 택배와 다르게 그날 먹는 음식이기 때문에 포장과 배달이 쉬운 비닐봉지를 많이 이용하는데 마땅한 대안을 찾기가 힘들다. 특히 치킨을 먹는 경우에 또 다른 환경적 불편함은 닭 뼈의 처리다. 뼈를 일반쓰레기로 버리는 것이 아닌 재활용할 수는 없을까?

닭 뼈도 음식물 쓰레기!

현재 시행되고 있는 음식물 쓰레기 분리배출 제도는 2005년에 도입되었다. 당시 음식물 쓰레기에 대한 기준은 '가축이 먹을 수 있느냐, 없느냐'였다. 가축이 먹을 수 있는 것은 음식물 쓰레기, 가축이 먹을 수 없는 것은 일반 쓰레기로 분류했다. 하지만 17년 동안 동물 복지에 대한 관심이 늘어나면서 음식물 쓰레기를 그대로 가축에게 먹여도 되는지에 대한 문제가 제기되고 있다. 우리가 음식물 쓰레기를 버릴 때 이미 썩은 음식을 버리는데, 이것을 그대로 가축에게 먹이는 것이 동물 학대의 범주 안에 들어가는 것이 아니냐는 식의 논란이다.

이처럼 사람들의 인식이 변하면서 음식물 쓰레기를 가축 사료보다는 퇴비화나 바이오 가스 등 다른 방식으로 활용하는 경우가 점점 더 많아질 것으로 전망된다. 이러한 추세에 맞춰서 정부나 지자체는 음식물 쓰레기 관련법을 개정할 필요가 있다. 2015년 이데일리에서 조사한 바에 따르면 전국 지자체 중 춘천을 제외하고는 여전히 음식물 쓰레기에 관해 '동물이 먹을 수 있는 것'을 기준으로 삼고 있다. 이제는 '음식 가공 상태에서 나온 잔재물'로 범위를 넓혀야 한다. 현재 일반 쓰레기로 분류된 닭 뼈를 비롯한 각종 동물 뼈를 모두 음식물 쓰레기로 처리하면 소비자들은 불필요한 일반 쓰레

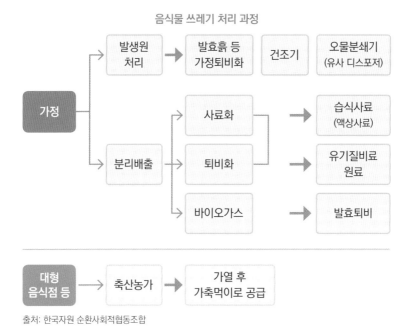

음식물 쓰레기 처리 과정

출처: 한국자원 순환사회적협동조합

닭 뼈를 재활용하는 방법

기를 줄일 수 있고 재활용할 수 있는 음식물 쓰레기도 늘어나서 선순환 구조가 만들어진다.

 핵심은 재활용이 안 되는 비닐을 섞이지 않게 하는 것

닭 뼈를 비롯한 동물 뼈를 모두 음식물 쓰레기로 분류하자는 것은 현실적으로 가능할까? 2019년 10월에 발표한 서울환경연합 자료에 따르면 음식물 쓰레기를 처리하는 공장에서 기계적으로 다 파쇄가 가능하다. 물론 모든 음식물 처리 공장에서 동물 뼈를 파쇄하기 위해서는 관련 장비에 대한 투자가 필요할 것이다. 그런데 음식물 쓰레기 처리 과정에서 그보다 중요한 것은 비닐을 비롯한 재활용이 안 되는 물질을 섞이지 않게 하는 것이라고 한다. 비닐은 1만 년이 지나도 분해가 안 된다. 동물 뼈는 파쇄해서 퇴비로 사용할 수 있지만, 비닐은 파쇄도 안 되고 분해도 안 된다. 현재는 비닐, 플라스틱 포장재, 스티로폼 등을 노동자가 직접 골라내며 작업한다. 엄격하게 골라내더라도 실수로 섞인 비닐이 동물들의 입으로 들어간다고 생각하면 다소 아찔한 느낌이 든다.

 지자체, 프랜차이즈 매장, 소비자가 함께 참여

비용이 더 들더라도 환경을 위해서 투자하는 것이 지속가능한 경영을 위한 길이다. 프랜차이즈 매장에서 할 수 있는 일은 어떤 게 있을까? 소비자들은 닭 뼈를 별도 봉투에 모아서 치킨집으로 가져다준다. 매일 새벽 '닭 뼈 트럭'이 각 프랜차이즈를 돌면서 이물질이 없는 순수한 닭 뼈를 모아 음식물 쓰레기 처리 공장으로 옮긴다. 음식물 쓰레기 처리 공장에서는 뼈로 이물질에 대한 걱정 없이 비료를 만들 수 있다. 물론 이 과정에서 프랜차이즈는 닭 뼈를 모으고 이동시키기 위한 운영 비용이 필요하고 지자체에서는 음식물 쓰레기 처리 공장에서 각종 뼈를 비료로 만들기 위한 파쇄기 투자 등이 필요할 것이다. 그리고 소비자들은 순수하게 뼈 위주로 잘 모아서 매장으로 전달해야 한다. 당장은 힘들지만 장기적으로는 선순환 구조를 만들 수 있다. ESG에 앞장섬으로써 프랜차이즈 매장은 친환경을 실천하는 회사라는 브랜드 이미지를 가져갈 수 있고 이는 소비자들의 긍정적인 호응을 얻을 것이다. 지자체는 재활용 가능한 음식물 쓰레기 양을 늘려 일반 쓰레기 처리 비용을 줄일 수 있다. 소비자는 일반 쓰레기 양을 줄일 수 있고 친환경을 만드는 데 직접 동참할 수 있다. 중요한 일은 늘 귀찮고 어렵다. 그럼에도 이것은 우리가 해야 할 일이다. 머지않은 시기에 닭을 맛있게 먹고 닭 뼈를 별도로 모아서 음식물 쓰레기로 버리는 미래를 상상해 본다.

닭 뼈를 재활용하는 방법

환경을 생각하는 치킨집

 제로 웨이스트 운동

바다거북이 코에 빨대가 끼어 있는 사진으로 플라스틱 사용을 자제하는 분위기가 한창 달아올랐을 즈음이었다. 플라스틱 병뚜껑을 모아 보내면 치약 짜개 등으로 재가공한다는 서울환경연합의 〈플라스틱 방앗간〉 소개 영상을 본 것이다. 그 직후에 참여하고 싶어서 찾아보니 주기적으로 '참새클럽'으로 명한 참가자를 모집하고 있었다. 그런데 그 인기가 높아 내년에나 지원이 가능했다. 이후에 잊을 만 할 때쯤 모집한 참새클럽 3기는 수강신청을 능가하는 경쟁 속에 마감되었다. 아예 플라스틱 사용을 자제하다 보니 모아지는 병뚜껑 수도 적어 1년을 꼬박 모아서야 성수동에 있는 사무실 '그린워커스'에 반납할 수 있었다.

그린워커스 외부 전경

출처: 그린워커스

병뚜껑 재활용 상품 '치약 짜개'

출처: 그린워커스

환경부에 따르면 2020년 1~8월 생활폐기물은 2019년 같은 기간 보다 11.4% 증가했다. 플라스틱은 14.6%, 비닐은 11%로 늘었다. 코로나가 장기화된 현재는 그 정도가 더 심화되었을 것이라는 건 자명하다. 재활용 폐기물 선별 업체 금호자원의 말에 따르면, 코로나 이전과 비교해 폐기물이 30~40% 증가했다고 한다. 매일 물밀듯이 들어오는 쓰레기는 사람이 일일이 분리하여 반출하는 작업을 거치는데, 인력 대비 쓰레기의 양이 상당하여 분리에 어려움이 있다. 애초에 재활용 대상이 아닌 것도 많고, 재활용 대상이더라도 재질을 쉽게 알아볼 수 없거나 골라내기 어려운 작은 것들은 폐기물로 처리된다. 그래서 들어온 것 중 실제로 재활용되는 비율은 40%가 안 된다고 하니, 버려지는 쓰레기 양이 상당하다.

분리수거를 잘하는 것보다 중요한 것은 재활용이 가능한 포장의 제품을 사용하거나 아예 배출 자체를 줄이는 것이다. 그래서 요

환경을 생각하는 치킨집

즘은 처음부터 쓰레기 자체를 줄이자는 '제로 웨이스트(Zero Waste)' 운동이 각광받고 있다. 대표적으로 텀블러로 커피 주문하기, 장바구니 가져가기, 다회용 용기로 음식 포장해 오기 등이 있다. 하지만 쉬우면서도 막상 준비물을 챙겨 다녀야 하는 번거로움 때문에 일상에서 실천하기가 생각만큼 쉽지 않다.

스타벅스는 한국 상륙부터 텀블러 할인을 시작했는데, 다른 커피 전문점도 2009년 환경부와 맺은 일회용품 줄이기 자발적 협약에 따라 개인컵 할인을 시작하여 현재 300원 할인이 보편화되었다.

프랜차이즈별 텀블러 할인 현황(2022년 9월 기준)

프랜차이즈	할인 금액
폴바셋, 카페베네	500원
스타벅스, 엔제리너스, 크리스피 도넛	400원
커피빈, 파스쿠찌, 투썸플레이스, 할리스, 배스킨라빈스, 던킨, 탐앤탐스	300원
맥도날드, 버거킹, 롯데리아, KFC, 파파이스, 이디야, CU, GS	200원

 용기(container, 容器) 내는 치킨집

커피에 텀블러 할인이 있듯이, 치킨 주문 시 다회용기 할인을 제공하면 어떨까? 먼저 치킨 포장에 들어가는 비용은 다음과 같다.

치킨 포장재	단가
치킨 용기(무지(無地)의 크래프트지 기준)	130~200원
트레이	50~70원
비닐봉지	110원
총 합	최소 290원

　원가 측면에서는 300원 할인이 적당하나, 15,000원 이상의 치킨 가격을 고려하면 치킨 가격의 1/3 수준인 커피와 동일한 할인 금액은 너무 인색한 느낌이다. 여기에 약간의 금액을 보태 500원의 할인을 제공한다. 제로 웨이스트의 일환으로 직접 용기를 가져와 포장해가는 고객은 그 행동 자체로 만족감을 얻는 사람들이기에 설사 할인이 없다고 해도 기꺼이 수고스러움을 행할 테지만, 만약 가게 주인이 그 취지에 공감하고 함께한다는 인식을 준다면 만족도는 500원 그 이상의 가치일 것이다. 할인 금액 500원은 제로 웨이스트를 응원하는 최소 표현으로 충분하지 않을까?

　제로 웨이스트와 관련된 각종 카페에서는 #제로웨이스트 해시태그를 달고 생활 실천 사례가 심심치 않게 올라온다. 다회용기 포장을 안 해 주는 가게도 많기 때문에, 미리 전화해서 포장 가능 여부를 물어보고 음식이 나오는 시간보다 먼저 도착하여 포장용기를 전달해야 한다. 배달이 불가능한 건 물론이다. 유난스럽다는 타인의

　　　　　　　　　　　　　　　　환경을 생각하는 치킨집

평가와 다회용기 포장 의도에 대한 구구절절한 설명, 심지어 그럼에도 불구하고 안된다는 거절 앞에 놓인 작은 환경운동가들을 고객으로 만들어 보자. 다회용기를 적극 장려하고 그 가치에 동의한다는 뜻을 전하면 고객과의 공감대가 형성되고, 단골로 만들 수 있다. 더불어 제로 웨이스트 카페에 공유되어 자동으로 가게 홍보가 될지도 모른다.

출처 : 용기내는 빵집 by 초록 손가락

앞의 그림은 제로 웨이스트 실천가 초록 손가락님에 의해 만들어진 용기 포장 가능한 빵집 지도 '용기내는 빵집'이다. 여러 사람들의 참여로 2022년 6월 기준 전국 204개의 빵집이 등록되었다. '용기내는 음식점'이 만들어질 날도 머지 않았다.

 **폐기름의 재탄생**

지금까지는 제로 웨이스트에 대한 소극적 참여였다면 가게를 운영하는 입장에서 보다 적극적으로 동참하는 방법은 없을까? 포장외 쓰레기 배출량을 줄여 본다면 어떤 것을 줄일 수 있을까? 치킨집 쓰레기의 가장 큰 비중을 차지하는 것은 무엇일까?

그것은 아마 기름일 것이다. 이런 폐식용유를 1kg당 500원에 수거하는 업체가 있다. 이렇게 수거한 폐식용유는 한차례 정제한 뒤, 바이오디젤로 변환된다. 그리고 신재생에너지법에 따라 일반 경유에 3% 섞여 주유소에서 판매된다.

골칫덩어리 폐기름을 재생에너지로 재탄생시켜도 좋지만, 가게내에서 해결할 수 있는 방법으로 폐식용유를 이용하여 비누를 제작하는 방법도 있다. 폐식용유는 가성소다를 섞어 쉽게 비누로 재활용할 수 있다. 2015년도에 바른치킨에서 단발성 이벤트로 진행한적이 있다.

최근 제로 웨이스트에 대한 소비자의 관심이 높아져 플라스틱을 배출하는 용기형 액체 세제 대신 포장을 최소화한 고체 비누를 판매하는 업체도 늘었다. 폐식용유로 만든 세탁비누를 매장에 비치하여 픽업 고객은 1개, 다회용기 픽업 고객은 2개까지 제공한다. 비누제공 이벤트가 병행될 경우, 환경보호 외에도 다회용기 픽업 고객이 증가하는 선순환을 기대할 수 있을 것이다.

🐣 움직임의 시작

환경부는 2021년 11월 9일 서울시, 배달앱(요기요), 잇그린(다회용기 세척업체)과 업무 협약을 맺고 강남구를 대상으로 다회용기 시범사업을 시행하기로 했다.

주문 시 다회용기를 선택하면 수거 비용으로 1,000원이 합산 결제되고, 다 먹고 씻은 용기를 문 밖에 두면 수거 업체가 회수해 간다. 그리고 다시 깨끗하게 세척하여 매장에 돌려준다. 언뜻 다회용기를 사용하면 비용이 절감될 것 같지만 수거 및 세척 비용이 발생하기 때문에 소비자 부담금이 발생한다. 시도는 좋지만 비용상의 문제로 얼마나 활성화될지는 미지수이다. 하지만 기업과 정부차원의 고민이 시작되었고 첫 스타트를 끊은 것이니, 앞으로 더 좋은 아이디어로 개선되고 인식도 차츰 나아질 것으로 기대한다.

혹자는 매출에 도움이 되는 것도 아닌데 장사하는 가게에서 환경까지 생각할 필요가 있겠냐고 할 것이다. 그러나 일주일 만에 엄청나게 쌓인 재활용 쓰레기를 분리수거하면서, 쓰레기 배출량에 고민하는 소비자도 늘고 있다. 2021년 10월 기존에 없던 유형의 〈오늘부터 무해하게〉라는 환경 예능이 KBS에서 방영된 것도 환경에 대한 관심이 증가했음을 보여 준다. 더이상 쓰레기 문제를 소비자에게만 넘길 수는 없다. 함께 고민하고 노력하는 모습으로 고객에게 긍정적인 이미지를 심어주자.

치킨 주문만큼 쉬운 봉사활동

 집에서 아이와 놀거리가 부족하다

코로나로 야외활동이 줄어들면서 아이가 있는 집은 아이와 놀아줄 거리가 부족해지기 마련이다. 매번 장난감을 사자니 비용도 부담이거니와 둘 공간도 부족하다. 장난감 렌탈샵을 이용하기도 하지만, 아무래도 위생이 걱정된다. 단순한 놀이 이상의 학습이면 더 좋겠어서 아이들이 어떤 분야에 흥미를 느끼는지 경험도 해볼 겸 체험 키트를 구매하기도 한다. 인터넷에서 '체험 키트'로 검색하면 집에서 부모와 함께 할 수 있는 다양한 DIY 제품이 뜬다. 체험 키트 중 가장 흔한 건 미술놀이 제품이지만, 베이킹, 식물 키우기, 고추장 만들기 키트 등 다양하다.

그중에서도 버섯 키트, 콩나물 키트, 배추흰나비 키트 등 '이걸 집에서 키울 수 있다는 거야?' 싶은 다양한 키트가 인기다. 요즘 아이들은 반려동물을 키우지 않는 이상 무언가를 보살피고 관찰하는 게 아무래도 어렵다 보니 체험학습용으로 집에서 식물이나 곤충을 키우는 것이다. 살아있는 것의 성장을 처음부터 끝까지 지켜볼 수 있다는 점, 무언가가 애정과 관심의 대상이 되고 관찰의 즐거움을 준다는 데서 인기 있는 듯하다.

체험학습 키트에 봉사활동은 덤

만약 이 체험학습 키트가 단순 즐거움 제공을 넘어 +α로 봉사활동까지 된다면 이보다 더 좋을 수는 없을 것이다. 현재 초등학교는 봉사활동이 권장사항이지만, 중학교는 연 15시간의 의무 봉사 시간이 할당된다. 초등학교가 의무사항이 아니라고는 하지만, 가정통신문에 꾸준히 언급되고 학급에서 담임선생님 주도하에 활동이 이루어지고 있다. 그만큼 봉사가 단순 점수 채우기가 아닌 생활 속 습관이 되도록 가정에서 정착시켜 주면 좋을 것이다.

치킨 배달 시 즐거움과 보람, 봉사점수까지 한번에 해결할 수 있는 비대면 봉사활동 키트를 판매하고자 한다. 체험학습과 환경보호 활동이 동시에 가능한 봉사활동을 환경단체와 연계하여 진행하는 것이다. 한 예로, 씨앗을 심어 묘목을 환경으로 돌려보내는 '나무 기르기' 활동이 있다. 여러 환경단체 중 도토리 씨앗을 심어 숲을 가

치킨 주문만큼 쉬운 봉사활동

구는 시민단체 '노을공원 시민모임'의 '집씨통' 활동을 선택하고자 한다.

"집에서 씨앗 키우는 통나무"란 뜻의 집씨통은 '동물이 행복한 숲 만들기'라는 슬로건으로 코로나 시대 비대면 봉사활동으로 진행된다. 개인적으로 하게 될 경우, 인터넷으로 신청하면 재활용이 가능한 재료로 구성된 도토리 나무 키우기 키트가 오는데, 100일 정도 키우고 나서 택배로 다시 돌려보내면, 단체에서 2년간 묘목으로 더 키운 뒤 숲에 심어 일구는 활동을 하게 된다. 다만, 봉사활동이라고 무료로 진행되는 것은 아니고 원가 보존 개념의 후원비가 발생한다. 집씨통 1개당 2만 원의 후원비에 반납 배송비가 추가로 더 들어 24,000원 정도다. 만약 이 집씨통 활동이 치킨집을 거점으로 한다면 고객부담금이 줄어들 수 있을 것이다. 방문과 수거를 매장에서 직접 한다면 왕복 택배비를 제한 금액으로 후원금을 16,000원까지 낮출 수 있다. 원래 체험활동 키트 구매에 관심이 있던 사람이라면, 체험활동 키트가 1만~2만 원 정도 되니 집씨통 신청 비용이 과한 수준은 아니라고 생각할 것이다. 그래도 많은 사람이 돈을 들여 봉사활동을 한다는 것에 이질감과 부담을 느껴 후원을 머뭇거릴 수 있다. 이미 8천 원 정도 개인부담금이 낮아졌지만, 활동을 독려하는 차원에서 후원 건마다 사이드 메뉴를 제공하기로 한다.

주문 과정은 다음과 같다. 먼저 봉사활동 키트를 사이드 메뉴에 추가시킨다. 메뉴명은 제공되는 사이드 메뉴와 결합하여 〈봉사활동

감자튀김 세트〉으로 하는데, 개인이 따로 집씨통을 신청했을 때 드는 비용 24,000원에 사이드 메뉴 6,000원을 더한 금액으로 원 금액을 책정하고 원가와 할인가를 함께 기재한다.

〈봉사활동 감자튀김 세트〉

~~30,000원~~ → 16,000원

이렇게 주문한 봉사활동 키트는 치킨과 함께 배달된다. 고객은 100일 정도 도토리를 키운 후 치킨집에 방문 반납하면 된다. 물론 시민단체에 신청하면 봉사활동 확인서도 발급이 가능해서 봉사활동 시간도 인정받을 수 있다.

두 번째로는 DIY 키트이다. DIY 키트는 많은 봉사단체에서 진행하고 있는데, 제3세계 아동의 지원을 위한 워밍 코리아의 블록 필통, 천연 치약, 마스크 만들기 키트가 그 예다. 가격은 12,000원 정도이다. 엔젤스헤이븐의 장애 활동 재활치료 모금을 위한 팔찌 만들기 키트(13,000원)도 있다. 이와 비슷한 여러 개의 봉사단체 중 한 곳을 선정하여 이 역시 사이드 메뉴에서 선택할 수 있도록 한다.

치킨 주문만큼 쉬운 봉사활동

동네 치킨집의 ESG

　물론 굳이 치킨집에서 진행할 이유가 있나 싶기도 하겠다. 봉사할 마음이 있다면 직접 찾아서 얼마든지 신청할 수 있는데, 굳이 치킨 배달과 함께 하려는 이유는 바로 접근성 때문이다. 코로나로 인해 오프라인 봉사활동이 여의치 않고, 온라인으로 진행되는 봉사활동을 찾기도 쉽지 않다. 하고자 하는 마음은 있지만 막상 찾아서 해볼 엄두가 나지 않는 사람들을 위해서, 봉사활동이 거창한 것이 아니라 집에서도 쉽게 진행할 수 있는 것임을 알리고자 한다. 봉사가 필요한 현장으로 뛰어들기는 어려울 수 있어도, 집에서 치킨을 맛있게 먹고 아이와 놀면서 봉사도 할 수 있다면 호기심에라도 한번 주문하지 않을까? 봉사활동이 치킨 배달만큼 쉽게 가능하다는 것을 알게 된다면 아이들 교육에도 긍정적으로 작용할 것이다.

　동네 10평 남짓의 치킨집에서 ESG를 언급하기엔 다소 과하다고 생각할 수 있다. 하지만 치열하게 이윤 창출을 열 번 고민했다면, 한 번은 지역사회와의 공존과 환경에 대한 고민을 해보는 것은 어떨까?

 치킨집 방문횟수의 증가

　지역사회를 위해 봉사한다는 거창한 대의 외에, 치킨집 입장에서 이윤 창출에는 아무 도움이 안 될까? 꼭 그렇지는 않을 것이다. 최소한 한번은 완성된 봉사활동 키트를 반납하기 위해 치킨집에 방문해야 한다. 참새가 방앗간을 그냥 지나칠 수 있으리오. 엘리베이터 가득한 누군가의 치킨 흔적에 '우리도 치킨 시켜먹을까? 했던 적이 모두 있지 않은가. 하물며 치킨집에 방문해서 그 냄새를 맡았다면 빈손으로 돌아가기는 더욱 쉽지 않을 것이다.

치킨 주문만큼 쉬운 봉사활동

다이어트는 내일부터

 치킨은 살 안쪄요, 살은 내가쪄요

한창 다이어트 중인 홍문기씨(영등포구, 40세)가 치킨을 주문했다. 다이어트에 웬 치킨?? 문기씨도 할말이 있다고 한다. 들어나 보자.

"다이어트에 가장 가까운 적은 치킨이다. 대표적인 3대 배달 음식(짜장면, 치킨, 피자) 중 하나로 접근이 매우 용이하고, 늦은 시간까지 주문이 가능하다. 뿐만 아니라 '치맥'이라는 단어가 사전에 등재되었을 정도로 치킨 하면 자동완성 기능처럼 따라오는 맥주의 유혹을 떨치기 어렵다. 사이드 메뉴는 또 어떠한가? 감자튀김, 치즈볼 등 기름에 튀긴 음식이 대부분이다. 하지만 튀김(Main)에 튀김(Side) 조합은 아무래도 영 부담스럽다. 받은 기프티콘을 쓰느라 어쩔 수 없이 함께 주문한 웨지감자는 몇 개 먹지 못하고 그대로 남았다. 당장은 버리기 아까운 마음에 냉장고로 옮겼지만, 눅눅한 튀김을 소생시키는 수고로움을 자처하고 싶진 않아 일주일 내내 두다가 결국 쓰레기통에 버린다."

파는 입장에서야 사이드를 추가한 세트 메뉴가 마진이 남겠지만, 메뉴 구성이 아무래도 너무 부담스럽다. 사이드까지 튀김으로 먹자니 너무 느끼할 것 같고, 혼자 먹는데 사이드까지 주문하면 양이 너무 많을 것 같다. 이러한 고민 끝에 사이드를 포기하는 고객을 타깃으로 한 사이드 메뉴를 제안하고자 한다.

먼저 다음은 각 프랜차이즈별 사이드 메뉴이다.

업체별로 특이점이 거의 없는 비슷한 메뉴에, 튀김류 외 다른 조리법의 음식은 몇 개 되지 않는다. '무엇을 튀기느냐'의 차이 정도이다. 이미 튀김기가 고정 설치된 치킨집 주방에서 다양한 조리법의 사이드 메뉴를 제공하기엔 공간적으로도, 인력적, 시간적으로도 어려움이 존재한다. 그렇다면 아예 비조리 음식은 어떠한가? 냉장고에서 꺼내 함께 포장하기만 하면 얼마든지 메뉴에 추가할 수 있을 것이다.

프랜차이즈별 사이드 메뉴

업체	메뉴
교촌치킨	칠리포테이토, 치킨카츠, 꽈배기, 카사바칩, 치즈볼, 웨지감자, 샐러드
60계	치즈스틱, 탕수육, 치즈볼, 멘보샤, 똥집튀김, 떡볶이, 핫도그
BHC	콜팝치킨, 꿀호떡, 소떡소떡, 치즈스틱, 치즈볼, 핫도그, 감자튀김
bbq	멘보샤, 치즈그라탕, 닭발 튀김, 케이준감자, 소떡소떡, 닭껍질, 새우스틱, 치즈스틱, 치즈볼
굽네치킨	웨지감자, 바게트볼, 케이준감자, 파채, 떡볶이, 치즈치밥, 치즈볼, 닭가슴살 그릴 후랑크, 소떡소떡
푸라닭	치즈볼, 크로칸슈, 치즈케이크, 떡볶이, 새우튀김, 피자, 오징어링, 감자튀김, 치즈스틱, 멘보샤

 따로 먹는 사이드 메뉴

사이드 메뉴는 꼭 같이 먹어야 하는 음식일까? 이름부터가 Side(옆)인데 이게 무슨 소리인가 싶겠다. 사이드 메뉴의 정의를 조금 변형하고자 한다. 치킨과 함께 주문은 하지만, 오늘 말고 내일 먹어도 좋을 음식. 게다가 치킨 먹은 다음날의 죄책감까지 덜어주는 음식으로 사이드 메뉴를 구성하는 것이다.

죄책감을 덜어줄 '다이어트는 내일부터' 패키지

일명 '다이어트는 내일부터' 패키지는 오늘은 과하게 먹었으니, 내일 아침은 간단하게 먹어볼까? 하는 다이어터(diet-er)를 타깃으로 한다. 다이어트 패키지는 구운 달걀, 닭가슴살(또는 닭 소시지), 바나나와 소스로 구성했다. 기본적으로 바나나를 제외하곤 익힌 제품이라 추가적인 조리가 필요 없고, 탄수화물의 균형은 비교적 저렴하면서도 생산과 수입에 있어 가격이 안정적인 바나나로 맞췄다. 바나나는 포만감이 높아 다이어트 음식으로 제격인 데다가, 씻고 깎아 먹지 않아도 돼서 간편하다.

구운 달걀의 경우 구운 달걀만 도매로 공급하는 업체가 존재하고, 농산물 도매시장에서 소매유통 가격보다 저렴하게 구매가 가능하다. 유통기한은 두 달 정도 되기 때문에, 매장에서 보관만 잘한다면 한 달치를 한꺼번에 비치해 놓을 수 있어 장보기가 수월할 것이다.

'다이어트 내일부터' 패키지 예상 원가

부위	가격(개당)
구운달걀	200원
닭가슴살/닭소세지	1,200원(소비자가의 80%로 책정)
바나나	200원
소스	200원
패키지	200원
총 금액	2,000원

용기는 달걀 용기와 같은 재질의 펄프로 제작한다. 뚜껑이 투명한 플라스틱이면 내용물도 보이고 좋겠지만, 이 경우 원가가 500원이 넘는다. 보다 싸게 판매하려는 목적에 부합하지 않을뿐더러, 내용물을 보고 살 필요가 없기 때문에 없어도 된다고 판단했다.

판매가는 3,500원으로 책정했다. 원가가 2,000원 정도이니 판매가의 60%가 조금 안 되는 수준이다. 판매가가 다른 사이드 메뉴에 비해 다소 낮지만, 조리 시간이나 노동력이 필요 없으니 추가적인 매출 증분 차원에서는 긍정적이다. 소비자 입장에서도 낮은 가격으로 부담 없이 구매할 수 있어서 좋다. 함께 먹고자 하는 사람이 다이어트 중이라면, 치킨 구매 자체를 망설일 것이 아니라 다이어트 패키지를 주문해서 함께 즐기면 된다.

 한끼 식사로도 딱

다이어트 패키지는 다이어터 뿐만 아니라 1인 가구를 타깃으로 할 수 있다. 1인 가구는 매일 끼니를 스스로 해결해야 하는데 배달 음식의 경우 최소 구매 가격에 배달비까지 더해 매일 음식을 주문하기에 부담이 크다. 직접 해 먹는다고 비용이 적게 들어가는 것도 아니다. 유통기한이 짧은 식자재는 기한 내에 요리하지 못해 버려지는 게 태반이다. 다이어트 패키지는 유통기한이 일주일 정도(가장 먼저 신선도가 떨어질 바나나 기준으로)라 당장 먹어야 하는 압박감도

덜하고, 과하게 먹은 다음날 간단하게 먹으면서 칼로리도 조절할 수 있으니 최소 금액을 맞추기 위한 추가 메뉴로 덜 부담스럽다.

　'운동은 장비빨'이라고 하지 않았는가. 운동은 시작도 안했지만 운동기구와 운동복을 사면 벌써부터 살이 빠진 것 같은 만족감이 느껴지는 경험을 해봤을 것이다. 다이어트 패키지도 마찬가지다. 치킨과 함께 주문하는 것만으로도 죄책감이 덜어질 것이다. 오늘은 맘껏 즐기고, 다이어트는 내일부터 하면 되니까.

ESG 실천을 위한
대체육 치킨

 대체육은 ESG 시대 미래 먹거리

식품, 유통 업계에서 'ESG 시대 미래 먹거리'로 대체육을 주목하고 있다. 대체육은 쉽게 말하면 실제 고기와 유사한 맛과 식감을 살린 '식물성 고기'다. 육류 소비 증가는 성인병 증가와 함께 환경 오염의 원인인데 대체육은 가축 사육 및 도축 과정에서 발생하는 탄소를 줄여 주기 때문이다.

농수산식품유통공사(aT)에 따르면 글로벌 대체육 시장은 2023년 6조 9,070억 원까지 성장할 전망이다. 특히 코로나19 이후 MZ세대를 중심으로 친환경 소비와 건강 등 가치 소비에 대한 관심이 급증하고 있다. 시장조사업체 유로모니터에 따르면 국내 대체육 시장 규모는 2020년 약 102억 원에서 다음해 24.3% 성장했다. 또한 한국

채식협회에 따르면 국내 채식 인구는 2020년 150만 명으로 2008년 대비 10배 증가했다. 그렇다면 치킨 공화국이라고 일컬어지는 우리나라에서 치킨을 대체육으로 만든다면 어떨까? 맛은 괜찮을까? 생산, 유통 과정 상 다른 어려움은 없을까?

 ## 비건을 위한 샌드위치와 치킨

써브웨이에서는 2020년 9월 1일 얼터밋 썹(Altermeat Sub)이라는 대체육 샌드위치를 내놨다. 병아리콩, 렌틸콩, 퀴노아 세 가지 콩을 이용해 고기 맛을 냈다. 그동안 채식주의자들은 오직 야채 샌드위치만 먹을 수 있었는데 이제는 그들도 고기 맛 샌드위치를 맛볼 수 있는 것이다. 심지어 단백질 함량이 28g으로 흔히들 먹는 닭가슴살의 단백질 함량인 20~21g보다도 많아서 다이어트에도 도움이 된다. 출시 후 반응도 좋았다. 정식 메뉴를 등록해달라던가 심지어, 채식 동호회에서는 '마구 먹어 줘서 메뉴판에서 사라지지 않게 합시다!'라는 글이 올라왔다고 한다.

미국에서는 치킨 프랜차이즈의 대표격인 KFC에서 대체육 치킨을 시도했다. 2019년에 '비욘드 프라이드치킨(Beyond Fried Chicken)'이라는 식물성 재료로 닭고기 맛을 낸 치킨을 소개했다. 비건 운동가 애슐리 렌은 트위터에 '비욘드 치킨을 먹기 위해 매장 앞에 두 시간 동안 기다렸다'고 말하기도 했다.

글로벌 대체육 시장 규모

출처: 한국농수산식품유통공사

대표적인 식물 기반 대체육 브랜드 '비욘드 미트'는 최근 닭고기 대체육 '비욘드 치킨 텐더'를 시장에 내놓았다. 비욘드 미트에 따르면 1회 제공량당 약 14g의 단백질을 함유하고 있으며, 일반 치킨 텐더와 비교해 포화 지방 함량이 약 40% 적고 콜레스테롤도 없다. 환경뿐만 아니라 건강에도 도움이 되는 것이다.

가장 중요한 것은 맛과 식감

그럼에도 결국 가장 중요한 것은 맛과 식감이다. 올해 3월, 신세계푸드의 노브랜드 버거에서 '노치킨 너겟' 판매를 시작했다. 무엇보다도 출시 전에 진행한 내부 품평회에서 참석자 전원 맛과 식감에 대해 합격표가 나올 정도로 치킨 고유의 맛과 식감을 잘 살렸다.

실제로 출시 한달만에 누적 판매량 10만개를 돌파해서 내부 예상보다 3배나 빨리 목표를 달성했다고 한다. 이쯤이면 국내에서도 닭고기 대체육의 맛과 식감이 충분히 소비자에게 다가갈 수 있는 정도라고 본다.

대체육 제조사와 협력하여 순살 치킨부터 판매

이제 대체육 치킨집을 오픈했다고 가정해 보자. 대체육 수급을 어떻게 할 수 있을까?

'비욘드 미트' 등 전 세계적으로 유명 대체육 제조사들이 있지만 국내 닭고기 맛은 국내 회사가 더 잘 알 것이다. 신세계 푸드는 2018년부터 대체육 시장을 준비했는데, 많은 대체육 제조사들이 소고기에 집중할 때 한국인에게 맞는 닭고기 대체육에 집중했다고 한다.

시장에서 맛과 식감에 대해 어느 정도 확인을 받았으니, 이런 국내 회사들을 통해서 대체육을 수급받으면 된다. 노치킨 너겟의 경우 순살이기 때문에 '비건들을 위한 순살 치킨' 컨셉으로 판매 전략을 세울 수 있다.

이외에도 닭고기는 아니지만 국내에도 식물성 단백질을 활용하여 대체육을 개발, 생산하는 스타트업들이 있다. 바로, 바이오믹스테크와 지구인컴퍼니다. 바이오믹스테크는 롯데마트와 협력해 2020년 5월 '고기대신'이라는 대체육 브랜드를 런칭했고 지구인컴퍼니는 써브웨이와 협력해 20년 9월 '얼터밋 썹'을 런칭했다. 현재 지구인컴퍼니는 바비큐와 햄버거 패티 위주의 상품만 제공하고 있고 바이오믹스테크는 양념순살을 제공하고 있기 때문에 치킨집 사장님들은 바이오믹스테크의 대체육 상품을 들여와서 순살 치킨 판매를 시도해 볼 수 있겠다. 두 회사 모두 국내 뿐만 아니라 해외 시장을 타겟으로 하고 있으며 이미 미국을 비롯하여 홍콩, 중국, 중동 등에 수출했거나 준비 중이다. 특히 바이오믹스테크는 2020년 12월, 시리즈 A 투자를 유치했고 지구인컴퍼니는 2021년 2월 100억 규모의 시리즈 B 투자를 유치했다. 그만큼 두 회사 모두 식감이나 맛 등 실제 고기와 유사하게 만드는 기술력과 잠재력을 높다.

🐣 다이어트, 가치 소비를 넘어 ESG까지

대체육은 주로 콩 등 식물성 원료를 활용하기 때문에 기존에 치킨을 안 먹는 채식주의자들을 고객으로 끌어안을 수 있다. 선택의 폭이 좁았던 채식주의자들은 대체육 치킨을 먹음으로써 보다 다양한 음식을 먹을 수 있고 어느 정도 맛이 보장된다면 채식주의자가 아닌 사람들도 먹을 수 있다. 뿐만 아니라 환경보호와 가치 소비를 중요시하는 MZ 세대들도 중요한 타깃이다.

다이어트를 하거나 건강에 민감한 고객들에게도 좋은 선택지가 된다. 대체육은 칼로리와 지방, 콜레스테롤이 낮고 콩으로 만들어져 단백질 함량이 높기 때문에 다이어트나 건강에 더 도움이 된다. 다만, 고기 맛을 내기 위한 나트륨 함량은 개선이 필요한 부분이다.

기업들이 대체육 투자에 나서는 중요한 이유는 ESG이다. 가축을 사육하면서 배출되는 탄소를 줄일 수 있어서 친환경 투자의 일환이기 때문이다. 개인으로서는 다이어트와 가치소비를, 기업으로서는 ESG 실천까지. 맛과 식감의 발전에 따라 대체육 치킨을 배달 시켜서 먹는 날이 머지않아 올 것이다.

ESG 실천을 위한 대체육 치킨

치킨에 대한 애정어린 과몰입

사진은 피사체에 대한 애정으로 만들어진다. 애정을 가지고 관찰하다 보면 못 보던 것들을 포착하기도 하고, 더 잘 찍어주고 싶어서 이런저런 고민도 한다. 그 과정에서 피사체와 사진을 더 애정하게 된다. 우리가 그랬다. 지난 1년간 치킨을 씹고, 뜯고, 맛 보고, 즐기며 치킨에 대한 애정으로 글을 써내려 갔다. 채식주의자나 반려동물을 위한 치킨, 로봇이 만드는 치킨, 드론이 배달하는 치킨, 환경을 생각한 치킨 용기 등을 고민 끝에 만들었다.

'치킨으로 이렇게까지 생각한다고?'

치킨이 우리에게 휴식인 것처럼, 이 책 또한 바쁜 일상 속 휴식 같은 책이 되면 좋겠다. 때로는 치킨에 과몰입한 우리를 보고 피식-하는 웃음이 나오면 더 좋겠다. 이때 치킨과 함께라면 금상첨화다.

CHICKEN

7장

고객공유혹

고객을 끊임없이
유혹하라

치킨 먹는 습관 만들기,
치킨 구독 서비스

 음식 구독 시장의 가능성

배달 시장이 점차 확대됨에 따라, 배달 품목이 다양해지면서 음식 구독 서비스도 활발한 변화를 보이고 있다. 다이어트 식단이나 이유식, 과자, 차, 집밥, 술 등 취향에 따른 다양한 음식 구독 서비스가 등장하고 있다. 구독 서비스의 최대 장점은 보다 저렴한 가격으로 다양한 상품을 즐길 수 있고, 여러 특별한 혜택이나 경험도 제공받을 수 있다는 것이다.

과자 구독 서비스를 성공적으로 런칭한 월간 과자의 경우, 월 9,900원에 편의점 가격 기준 20,000원 어치의 과자를 다양하게 제공한다. 롯데제과가 가격을 낮춰서 제공할 수 있는 이유는 안정적으로 과자를 소진함으로써 재고 부담을 없앨 수 있기 때문일 것이다.

음식 구독 서비스 예시

구독 서비스 종류	내용	할인률
버거킹 구독	4주간 킹치킨버거 매주 구매	60% 할인
롯데제과 구독	9가지 제품(신제품 + 기존 제품), 3개월 선결제	50% 할인
배상면주가 '막걸리 구독'	느린마을 1리터 5병	22% 할인

이외에 2021년 런칭한 버거킹, 배상면주가 등 음식 관련 구독 서비스는 대부분 기존 판매가 대비 22~60%의 할인을 제공하고 있다.

치킨도 마찬가지다. 몇 개월치에 해당하는 금액을 미리 결제하면 사장님 입장에서는 주문량 예측이 가능해 재고의 부담을 줄일 수 있고 안정적인 수익이 보장되어 저렴한 가격에 치킨을 제공할 수 있을 것이다.

 한 달에 세 번씩, 치킨을 저렴하게

이데일리, 오픈서베이가 진행한 「2019 치킨 보고서」에 따르면 한 달에 2~3회 빈도로 치킨을 주문하는 비중이 전체의 45.3%라고 한다. 평균적인 대한민국 국민이라면 월 2~3번 치킨을 주문한다는 뜻이다.

이 데이터를 바탕으로 월 3회 기준 3개월치를 미리 구독한다고 가정하고 기존 사례보다 보수적으로 약 14% 정도의 할인을 제공하

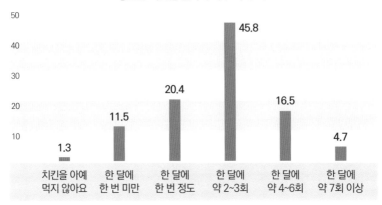

당신은 치킨을 얼마나 자주 먹나요?

| 치킨을 아예
먹지 않아요 | 한 달에
한 번 미만 | 한 달에
한 번 정도 | 한 달에
약 2~3회 | 한 달에
약 4~6회 | 한 달에
약 7회 이상 |
| 1.3 | 11.5 | 20.4 | 45.8 | 16.5 | 4.7 |

출처 : 오픈서베이 「2019 치킨 보고서」

면 고객은 치킨 한 마리 반 값 정도(26,000원)의 금액을 아낄 수 있다. 현재 배달앱에서는 배달료가 보통 무료~3,000원인데, 구독 서비스 이용자에게는 배달비 3,000원 정도의 할인을 제공한다고 가정하면, 평균 14% 정도 할인을 해줄 수 있다. 배달비는 3,000원 정도지만 음식값 외에 추가로 낸다는 심리적 저항감이 있기 때문에 구독 서비스들은 이런 저항감을 해소해줌으로써 구독서비스를 쓰게끔 할 수 있다. 배달비가 어차피 없는 매장들은 배달비만큼에 해당하는 금액을 추가해 14%정도의 금액을 할인해주면 될 것이다. 그리고 14% 정도면 기존에 음식 구독 서비스들(255쪽 표 참조) 보다는 8%p~46%p 정도 할인폭이 적기 때문에 크게 부담 없이 실행해 볼 수 있을 것이다. 물론 적정 가격은 재고와 원자재 등을 고려하여 면밀하게 검토할 필요가 있다.

치킨 구독 서비스 예시

분류	치킨 주문 횟수	총 가격 (배달비 포함)	총 가격 (배달비 무료)
비구독	한달에 3회 (3개월)	21,000×9(회) = 189,000원	18,000×9(회) =162,000원
구독		전체 14% 할인 시 162,000원	전체 14% 할인 시 136,000원
할인 금액		27,000원	26,000원

* 1회 치킨 주문 가격은 21,000원으로 계산 (치킨 19,000원, 배달비 3,000원 기준)

치킨 구독을 넘어 치맥 구독서비스는 어떨까

치킨 단품으로 가격 할인을 적용해 구독서비스를 만들 수도 있지만, 치킨과 다른 상품을 결합시켜 더 강력한 구독서비스를 만들 수도 있다. 구독서비스는 고객이 반복 구매를 할 수 있도록 혜택을 주는 것이고, 결합 상품은 두 가지 이상의 상품 구매를 유도하기 위한 것이다. 이 둘이 합쳐진 결합상품 구독서비스는 성공만 한다면 사장님의 매출 증대에 더할 나위 없이 좋다. 더구나 치킨과 맥주의 궁합은 반론의 여지없이 늘 옳다. 가볍게 한잔 하고 싶은 퇴근 길에, 뭔가 이대로 잠들기 아쉬운 주말 저녁에, 돗자리 들고 나선 한강 공원 피크닉에, 회식이나 친구들이 여럿 모인 자리에서 치맥은 빠지지 않는 단골 조합이다. 집 밖에서도, 집 안에서도, 화려한 네온사인이 가득한 거리에서도 치맥을 찾는 손길이 많다.

치킨 먹는 습관 만들기, 치킨 구독 서비스

이러한 대한민국의 '치맥' 사랑은 국내를 넘어 전 세계로 널리 알려지는 중이다. 심지어 지난 2021년 10월 영국 옥스퍼드 영어 사전에 한국 관련 단어가 업데이트되면서 '치맥(치킨과 맥주의 조합)'도 이름을 올렸다. 술을 마시지 못하는 청소년들의 무한한 지지를 받는 '치콜(치킨과 콜라의 조합)' 또한 못지 않은 인기를 누리고 있다고는 하지만, '치맥'의 굳건한 팬층을 넘어서지는 못하는 분위기다. 특히 더운 여름 날, 입 안을 가득히 채운 기름진 튀김 옷과 촉촉한 닭고기 사이로 넘어가는 청량하고 쌉쌀한 맥주 한 모금의 짜릿함은 글로 다 표현하지 못해 안타까울 정도다.

브랜드 'BBQ'는 지난 2020년 7월 '마이크로브루어리코리아'와 손잡고 자체 수제 맥주 브랜드인 '비비큐 비어(BBQ Beer) 6종'을 출시했다. 경기도 이천에 양조공장을 설립하여 직접 제조에 나선 것이다. 경쟁사 브랜드인 '교촌치킨'도 수제 맥주 브랜드 '문베이브루잉'을 인수하고 수제 맥주 라인업을 런칭, 확대해 나가고 있다.

치킨업계의 양대 산맥이 수제 맥주 사업에 뛰어든 이유는 '한국 맥주는 맛이 없다'는 대중의 평가에서 출발한다. 특히 치킨집에서 시켜먹는 이름 모를 생맥주는 제대로 관리되지 않은 경우가 많아 수입 맥주나 수제 맥주를 경험해 본 고객들의 입에는 탐탁치 않다. 게다가 맥주가 담긴 라벨 없는 무심한 갈색 페트병은 식욕을 자극하기엔 많이 아쉽다. 그래서 치킨을 주문할 때 맥주를 함께 배달시키는 경우는 별로 없는 것 같다. 대부분은 편의점이나 마트에서 입

맛에 맞는 맥주를 따로 구입하여 즐기는 게 일반적이다. 그런데 맥주 때문에 일부러 밖에 나가야 한다면 이 또한 꽤 귀찮은 일이 아닐 수 없다.

치킨은 배달 시켰는데 맥주는 사러 나가야 하는 사소해 보이지만 불편한 상황, 치킨만큼이나 맛있는 맥주에 대한 틈새 수요를 '치맥 구독 서비스'에 담아보자. 최근 수입·수제 맥주의 종류가 점점 다양해지고 있는 것도 기회다. 다양한 종류의 수입·수제 맥주를 치킨과 페어링하는 큐레이션으로 구독 모델을 구조화할 수 있기 때문이다.

맥주를 알지 못해도 큐레이션이 가능하다

로컬 치킨집 사장님이 맥주 덕후라면 이 구독 서비스를 운영하기에 최적이겠지만 그렇지 않더라도 큐레이션 문제를 해결할 수 있다. 바로 주류를 전문으로 유통하는 수입사 또는 도매상의 협조를 얻는 것이다. 이러한 유통업체들은 다양한 라인업의 맥주를 확보하고 있을 뿐만 아니라 맥주 각각의 맛과 특징, 푸드페어링(잘 어울리는 음식) 등의 정보를 갖고 있다.

특히 '주류 도매 유통 플랫폼'을 운영하는 스타트업 '벨루가브루어리'는 공급사와 도매상 모두를 연결하며 기존 주류 유통과정의 폐쇄성을 제거했다. 자영업자가 온라인에서 손쉽게 주류를 검색하고 정보를 확인해 소량의 주류도 발주할 수 있도록 방식을 개선했

주류별 정보를 확인하고 소량 주문이 가능한 벨루가브루어리

출처 : 벨루가브루어리

다. 20캔 내외의 맥주 1박스도 도매로 주문이 가능하다는 이야기다. 이러한 플랫폼의 도움을 받는다면 소규모 치킨집의 사장님이라도 얼마든지 다양한 큐레이션 리스트를 만들어 낼 수 있을 것이다. 이 큐레이션 리스트가 편의점에서 흔히 볼 수 없는 맥주를 제공한다면 가심비를 충족시키고 고객 관계를 지속할 수 있는 매개가 되어 구독 서비스 유지가 가능하다.

🐣 구독 모델을 본격적으로 운영한다면 이렇게

주류는 현행법 상 온라인 판매가 금지되어 규제의 벽이 높다. 오프라인에서 19세 이상임을 대면으로 인증해야만 구매가 가능하다.

치킨×맥주 큐레이션 리스트 예시, 월1회 기준

구분	치킨 메뉴	맥주의 종류
1	프라이드치킨	묵직한 맛의 IPA 계열
2	양념치킨	청량감이 느껴지는 라거 계열
3	간장치킨	달콤함을 담은 애플사이더 계열
4	마늘치킨	새콤한 향과 맛을 가진 페일에일 계열
5	프라이드치킨	진한 초콜릿 향이 나는 흑맥주 계열
6	양념치킨	꽃 향기 나는 밀맥주 계열
7	여름 한정 신메뉴	도수가 낮은 과일 or 라들러 계열

예외적으로 전통주만이 온라인 판매가 가능하며, 다른 주류의 경우 음식과 함께 판매할 경우에만 온라인에서 허용된다고 한다. 현재 운영 중인 와인 구독 서비스의 경우 이러한 규제를 피해 구독을 신청할 때 초기 1회는 '대면 결제'라는 방법으로 운영되고 있다. 하지만 우리의 경우는 이러한 규제로부터 조금 자유롭다. 치킨 배달의 특성상 배달원이 매개가 되어 고객의 연령 확인이 가능하기 때문이다. 또한 우리의 구독 모델 자체가 치킨이라는 음식이 주가 되는 서비스이므로, 맥주 가격이 치킨 가격을 넘지 않는 한 주류 판매에 대한 규제도 피해 갈 수 있다. 향후에 주류에 대한 정책이 강화된다고 하더라도 동네 치킨집은 지리적 이점으로 와인 구독의 사례처럼 '대면 결제'라는 차선책도 있어서 변수에 대한 리스크가 낮다.

구독 서비스를 위한 앱을 제공할 수 있다면 더 좋겠지만 시작은 모바일 홈페이지만으로도 충분하다. 치킨×맥주 큐레이션 리스트를 홈페이지에서 제공하고 간단한 정보 입력으로 구독과 결제가 가능하도록 세팅한다. 서비스 초기에는 3개월 또는 그 이상의 고정된 큐레이션 리스트를 제공하여 수요와 공급에 대한 노하우를 습득한다. 어느 정도 안정적으로 운영이 가능해지면 고객이 직접 맥주를 선택하거나 구독의 빈도(한 달에 한번, 격주, 매주)를 자유롭게 설정하는 것도 가능하다. 그렇게 점차 고객의 선호도를 파악하고 개인화해 간다면 재고에 대한 부담을 줄이는 것은 물론 고객의 요구에 맞는 서비스로 고도화할 수 있다.

 사장님은 매출 증대, 고객은 저렴한 가격과 재미있는 경험

저렴한 가격은 사람들이 구독 서비스를 이용하는 가장 큰 이유 중에 하나다. 앞서 언급했던 이데일리의 설문조사에서 치킨에 대한 사람들의 가장 큰 불만은 '가격'이었다. 응답자의 90.1%가 치킨 가격이 비싸다고 응답했다.

우리의 치킨 구독 서비스는 한 달에 치킨을 2~3회 이상 먹는다고 응답한 60%가 넘는 고객들에 주목할 필요가 있다. 구독 서비스를 신청한 가구에는 정기배달 횟수를 초과하여 주문 시 할인을 적용하거나 사이드 메뉴 선택권을 부여하는 등의 방식으로 구독 서비스를 구성한다. 이는 대다수의 고객이 가진 가격에 대한 불만을 조금이

나마 감소시키고, 추가 주문의 좋은 유인책이 될 수 있다. 언뜻 보면 소위 제 살을 깎는 전략처럼 보일 수 있으나 장기적으로 보면 신규 고객을 유치하는 비용치고 결코 많이 드는 게 아니라고 생각한다.

국내 대표 김치 브랜드인 종가집의 '정원e샵'은 2017년 5월 정기 배송 서비스 시작 후 김치 배송 매출 성장률이 2021년 1~7월 기준 전년 동기 대비 27%나 성장했다. 구독 서비스는 '습관의 연결'이라는 말도 있듯이 일단 고객을 만족시키면 안정적이고 지속적인 수익을 기대할 수 있다. 그 외에도 신메뉴 홍보 혹은 사이드 메뉴를 통한 큐레이션으로 추가 수익을 기대할 수도 있다. 치맥 구독 서비스는 여러 실험을 통해 적절한 가격만 책정된다면 사장님과 고객 모두 win-win 할 수 있는 서비스가 될 것이다.

주문이 몰리지 않는 치킨집

 주문 시간에 따라 치킨을 더 싸게 먹을 수 있다면?

택시 할증 요금을 피하기 위해 11시쯤 거리로 나왔다가 택시 잡기 어려웠던 경험은 모두 한 번씩 있을 것이다. 우리나라는 새벽 할증을 제외하곤 이동거리와 시간에 비례한 정률 요금이 책정되지만, 외국의 우버(Uber)나 리프트(Lyft)의 경우 실시간 수요와 공급, 지역별 특성, 시간, 날씨, 교통상황에 따라 요금이 유동적으로 변한다. 이를 일컬어 "다이내믹 프라이싱(Dynamic Pricing)"이라고 한다. 이 시스템은 비가 오는 날 조금 더 돈을 주고서라도 즉시 이용 가능한 택시를 원하는 고객의 만족도를 높일 수 있다.

우버는 빅데이터와 인공지능(AI)을 통해 여러 변수들을 종합적으로 고려하여 자동 계산되는 가격 책정 알고리즘을 활용한다. 이런 거창한 알고리즘까지는 아니더라도, 치킨도 시간대에 따라 다른 가격이 책정되면 어떨까?

주로 치킨은 저녁식사로, 술안주로 찾는 경우가 많아 저녁 시간대에 주문이 많다. 이렇게 찾는 시간대가 몰려있다 보니 피크 타임에 주문하려고 하면 40분 이상 기다리는 건 예사였다. 가게 주인은 몰리는 주문을 감당하지 못하고 짧은 피크 타임을 위해 인력을 추가 고용하거나, 주문을 거절하거나, 혹여 주문을 다 받았다가 밀리면 고객 불평을 감내해야 했다. 만약 주문 시간대가 분산된다면 인건비 절약은 물론이고 대기 시간이 너무 길어 주문을 포기하는 수요도 붙잡을 수 있지 않을까?

 ## 주문 순서별 가격 차등 모델

보통 PC나 앱을 통해 주문을 받을 때 고객이 배달 수령 시간을 선택할 수 있게 되어 있다. 이때 주문 순서별로 가격에 차등을 두는 것이다. 예를 들어, 현재 시간은 5시 40분이고, 최소 20분 후부터 주문이 가능하다. 치킨 한 마리를 튀기는 데 10분 정도 소요되고, 그 외 조리와 포장하는 시간까지 합하면 한 마리당 평균 17분이 소요된다. 그래서 시간 간격은 20분으로 정한다. 치킨을 튀기는 데 10분이 걸리니 20분당 튀길 수 있는 양은 최대 2마리가 된다. 따라서 20분 간격으로 튀김기 수의 2배 만큼 주문 수를 정해두면 된다.

만약 튀김기가 2개라면, 시간대별 4명까지로 인원을 제한하는 것이다. 이때 최초 주문 인원 1명까지는 녹색으로 표기하고 금액은 정가 19,000원이다. 2번째 주문 접수 후엔 버튼이 노란색으로 변하고, 3번째 주문자는 500원이 오른 19,500원에 주문할 수 있다. 3번째 주문까지 접수되면 버튼은 빨간색이 되며 마지막 주문자는 20,000원에 주문이 가능하다.

시간	주문 개수	주문가능상태	금액
오후 6:00	4/4	마감	–
오후 6:20	3/4	주문	20,000
오후 6:40	2/4	주문	19,500
오후 7:00	1/4	주문	19,000
오후 7:20	0/4	주문	19,000
……			

이와 같이 탄력가격제를 도입할 경우 기대되는 효과는 첫째, 가격과 시간의 교환이 가능해져 주문의 분산 효과가 일어나 특정시간에 주문이 몰리지 않는다. 둘째, 주문이 순서에 의해 무한 대기로 운영되는 것이 아니라 수령 시간을 소비자가 직접 선택함으로써 대기 시간을 주도적으로 관리할 수 있다. 지금 모델은 치킨 기본 가격을 고정으로 하여 할증 금액을 붙였지만 주말 저녁 같은 피크 타임의 경우 숙박업소가 성수기 요금을 따로 받듯이 기본 가격 자체를 높

게 책정하는 것도 가능하다. 반대로 평일 이른 저녁이나 늦은 밤은 기본 가격보다 할인해줄 수도 있다. 예를 들어 19,000원에 15%가 할인된 16,000원을 받는 식이다.

앞서 다룬 탄력가격제가 난이도 중급이라면, 예약주문을 통한 할인은 가격변동제에서 가장 쉬운 접근방식이다. 다른 제품군에서 흔히 볼 수 있는 예약주문 할인을 치킨에도 도입한다면 어떨까?

치킨 예약제, 치킨데이

배스킨라빈스는 매월 31일을 베라데이로 정하고 할인가로 사전 예약 주문을 받고 있다. 모든 상품군이 아닌 하프갤론(29,000원)이라는 사이즈에 한정되어 있는데, 약 21%라는 높은 할인율이 적용된다. 그러면 사전 예약자는 한 단계 아래 사이즈인 패밀리(24,000원)보다도 낮은 가격 23,000원에 구매할 수 있다. 예약 기간과 픽업 기간을 달리 하여 당일 주문/픽업은 불가능하게 한 것이 신의 한수이다. 또한 픽업 시간을 시간대별로 나누어 놓아 매장에 손님이 한꺼번에 몰리는 것을 막을 수 있다. 그리고 미리 준비가 가능하기 때문에 현장 방문 고객의 대기 시간도 줄일 수 있다. 방문 픽업만 가능하도록 해 배달 지연 등의 문제도 차단했다.

치킨의 경우 가장 걸림돌이 되는 게 바로 이 배달이다. 주문부터 수령까지의 총 소요시간을 결정하는 데 가장 큰 변수이기 때문이다.

주문이 몰리지 않는 치킨집

게다가 적기에 배달되지 못하면 치킨의 품질을 떨어뜨리게 된다. 과감히 배달을 제거하고, 픽업에만 국한시키자. 치킨 할인 판매 기간을 치킨데이라 칭하고 다음과 같이 운영하고자 한다.

〈치킨데이〉

- 사전 예약 기간 : 매월 마지막 주 월, 화 양일
- 픽업 기간 : 매월 마지막 주 수, 목
- ○○치킨 ~~19,000~~ → 14,500원

치킨데이 픽업일을 수, 목으로 정한 것은 몰려있는 주말 수요를 분산시켜 평일 주문량을 끌어올리기 위함에 있다. 날짜가 아닌 요일로 한 이유는 배스킨라빈스처럼 상호명과 연관된 날짜가 아닌 이상, 요일을 훨씬 기억하기 쉬울 거라고 판단했기 때문이다.

가상 주문 화면

오후 6:00	선택
오후 6:20	선택
오후 6:40	선택
오후 7:00	선택
오후 7:20	선택
......	

마지막 주 월, 화에는 치킨 주문을 받는데, 치킨이 눅눅해지지 않도록 수령 시간은 최대한 잘게 쪼갠다. 시간대별 수령 시간은 주문부터 포장까지 걸리는 평균 소요시간인 17분보다 약간 여유를 둔 20분으로 설정했으며 사전예약 외 일반 주문을 수용할 수 있도록 제한 인원을 튀김기 수보다 1~2명 낮게 설정했다. 인원을 한정시킴으로써 특정 인기 시간대에만 주문이 몰리는 것을 사전에 방지하고 혹시 모를 일반 소비자 대기 시간도 최소화했다.

배달앱 사용이 증가할수록 천장을 모르고 고공행진하던 배달비는 기어이 상품 가격의 인상을 가져왔다. 모 프랜차이즈 치킨 사장마저 한마리에 3만 원이 적정하다고 말한다. 이는 가격에 구애받는 소비자가 늘어남을 의미한다. 어느 누군가에게 치킨은 특별한 날에나 먹는 특별한 음식이 될지도 모른다. 이때 가격을 탄력적으로 운영한다면, 더 많은 고객을 수용할 수 있을 것이다. Early bird catches the chicken!

주문이 몰리지 않는 치킨집

사진발 잘 받는 치킨이 온다

분위기 좋은 레스토랑, 직원이 테이블 위에 접시를 내려놓는다. 먹기 아까울 정도로 예쁘게 장식된 음식이 모두의 시선을 사로잡는다. 짧은 감동의 탄식과 함께 사람들의 손에 들린 것은 포크가 아니라 카메라다. 아무리 음식이 나오기만을 오매불망 기다렸다고 해도 식기로 음식을 헤집어 놓기 전에 사진을 찍는 여유를 갖는 것, 그것은 이 시대를 살아가는 우리의 암묵적인 룰(Rule)이다. 심지어 사진에 관심 없는 사람이라 할지라도 타인이 사진을 찍을 수 있도록 식욕과 식탐을 잠시 내려놓는 것이 예의다. 사람들은 인스타그램과 같은 SNS에 맛있어 보이거나 독특해 보이는 음식, 분위기 좋은 공간 등을 올리기 위해 열정을 부어 다양한 구도로 사진을 찍는다. 좋은 사진을 건지기 위해서라면 길게 늘어선 웨이팅 줄도,

의욕이 넘치는 포즈로 사진을 찍는 것도 개의치 않아 한다. 더 재미있는 건 SNS를 즐겨 하지 않는 사람들도 사진을 찍는다는 것이다. "넌 올리지도 않으면서 사진 찍어서 뭐하게?" "몰라, 언젠가 보겠지."

사람들이 사진에 얼마나 진심이냐면 '인스타그램에 올릴 만한'이라는 뜻을 가진 '인스타그래머블'이라는 신조어까지 등장했다. 특히 MZ세대는 자신의 특별한 소비 경험이 '나'라는 사람의 가치를 높여준다고 믿는다. 그 때문에 가치 소비에 매력을 느끼고 자신의 취향이나 경험 등을 타인에게 알리고 싶어 한다. 이때 소셜미디어는 이러한 욕구를 충족시켜 주는 아주 좋은 도구가 된다. 지금 이 순간에도 사람들은 '인스타그래머블'한 이미지를 계속해서 생산하고 있다. 이러한 현상은 앞으로도 오랫동안 우리의 일상을 지배하며 성장할 것으로 보인다. 이는 우리의 치킨 비즈니스에서도 예외는 아니다.

 #chicken #치킨 검색하기

인스타그램에서 치킨과 관련한 해시태그를 타고 들어가 보자. 온통 갈색의 향연이다. 마치 강제로 갈색 컬러의 필터를 씌워놓기라도 한 것 같다. 종종 어떤 치킨 사진은 무슨 필터를 입혔는지 촉촉함이 사라져 맛없어 보이기까지 한다. 반면 인스타그램에서 '케이

사진발 잘 받는 치킨이 온다

크'를 검색한다면? 형형색색, 오색빛깔, 휘황찬란한 케이크들이 눈에 들어온다. 보기만 해도 즐겁다. 이렇게 예쁜 걸 어떻게 먹을까 싶기도 하면서 과연 이건 무슨 맛일까 상상하는 즐거움까지 더해진다. 같은 음식인데 치킨과 케이크는 왜 이렇게 다른 걸까?

세계적인 초콜릿 회사 허쉬는 100여 년이 넘는 역사(1894년 창업)를 가진 오래된 기업이다. 허쉬는 디지털 트렌드에 맞춰 포장에서도 변신을 꾀하고 있다. 과거에는 매대에서 사람들의 눈에 잘 띄게 만들었다면 최근에는 사진이 잘 나오는 포장 만들기에 집중한다. 포장지의 색감을 더 선명하게 조정해서 조명이 좋지 않은 곳에서도 사진이 더 예쁘게 나올 수 있게 하는 식이다. 초콜릿이 달콤하기만 하면 되는 줄 알았다면 세상의 변화를 읽지 못한 것이다. 이제는 사진발 잘 받는 초콜릿이 더 잘 팔리는 세상이 되었다.

물론 치킨 시장에서도 이러한 세상의 변화를 전혀 의식하지 않았던 것은 아니다. 독특한 식재료나 사이드 메뉴를 추가하고 색다른 소스를 잔뜩 뿌려놓은 시도들은 이미 있었다. 다만 맛에 대한 인상을 조금 바꿔놓았을 뿐 여전히 전통적인 치킨의 이미지를 벗어나지 못해 시각적 즐거움까지 잡진 못했다.

치킨을 바꾸려고 하지 말고 포장을 바꿔보자

그렇다면 허쉬의 사례처럼 포장에서 변화를 주는 건 어떨까. 우리 모두가 알고 있는 것처럼 치킨의 포장은 어느 브랜드를 막론하고 거기서 거기다. 쿠킹 포일을 깐 종이박스가 대부분이다. 치킨이라는 음식 자체도 단조롭지만, 포장 또한 단조로움의 끝을 달린다. 이러한 단조로움을 탈피하여 포장 패키지의 차별화를 둔 국내 프랜차이즈가 있다. 브랜드 이름도 특정 명품 브랜드를 연상시키는 '푸라닭'이다. 푸라닭은 치킨 박스를 비닐이 아닌 더스트백에 담아 배달한다. 마치 명품 가방을 판매하듯 말이다. 치킨을 담는 종이박스도 명품 가방을 닮았다.

하지만 프랜차이즈라는 대중적인 특성 때문에 푸라닭의 치킨 서비스를 경험한 사람이 점점 많아질수록 포장의 희소성은 조금씩 흐려지고 있다. 이제는 전국의 수많은 사람이 고급스럽게 포장된 푸라닭을 먹을 수 있게 되었기 때문이다.

푸라닭의 포장 패키지

출처: 푸라닭 홈페이지

사진발 잘 받는 치킨이 온다

그렇다면 포장으로도 치킨은 그냥 치킨일 뿐인 걸까. 이 문제는 단순히 치킨의 맛을 바꾸거나 치킨의 포장을 바꾸는 것과는 조금 다른 관점에서의 접근이 필요해 보인다.

치킨을 사진발과 함께 서비스한다면

최근 인스타그램에는 '피크닉 세트'를 대여해 사진을 올리는 사람들이 늘고 있다. '피크닉 세트' 대여로 유명한 로컬 커피숍들은 유럽 감성의 피크닉 매트와 바스켓, 감성을 더해줄 꽃다발, 음료가 담긴 센스 있는 텀블러, 우아한 커피잔 등으로 구성된 피크닉 도구를 제공한다. 보통 3~4시간 단위로 대여가 가능하고, 주문한 음료 가격 외에 20,000원에서 30,000원 정도의 추가 비용을 지불하는 방식이다. 꽤 고가의 서비스임에도 불구하고 인스타그램에서는 인기가 좋다.

사람들은 왜 이런 서비스를 이용하는 걸까. 남들이 부러워할 만한 인생 사진을 건지기 위해서라는 게 가장 큰 이유일 것이다. 그렇다고 제대로 된 피크닉 도구를 개인적으로 준비하자니 초기 비용이 많이 든다. 사더라도 자주 사용하지 않을 확률이 높다. 그 때문에 대여라는 방법을 선호하는 것이다. 게다가 피크닉 세트에는 커피숍 주인들의 감성 있는 안목과 감각이 담겨있으니 직접 준비한 것보다 좋은 사진을 남길 가능성이 크다.

치킨도 로컬 커피숍의 '피크닉 세트' 같은 서비스를 만들어 낸다면 충분히 인스타그래머블한 소비가 가능하지 않을까?

하나, 계절 식재료를 활용한 시즌 한정 푸드 스타일링

보통의 치킨 프랜차이즈에서는 보기 힘들지만, 개인이 운영하는 오프라인 레스토랑이나 펍 등에서는 같은 치킨 메뉴라도 플레이팅에 신경을 많이 쓴다. 치킨과 어울리는 사이드 메뉴를 같이 내놓는다거나 다양한 색을 가진 식재료로 장식하기도 한다. 바로 이 점을 활용하여 서비스의 질을 높여보자. 치킨은 아무리 맛있게 튀겨봤자 갈색이다. 파릇한 느낌을 살리는 아보카도를 얹는다거나 붉은빛의 딸기 한두 개만 올려도 사진은 달라질 수 있다. 제철 식재료를 이용하면 더 좋다. 그러면 계절 한정판의 가치를 가지며 계절별 재소비까지 유도할 수 있다.

둘, 피크닉 또는 홈파티를 위한 테이블웨어 대여

피크닉이나 홈파티에 어울리는 접시나 컵 등의 테이블웨어를 함께 대여해줄 수도 있다. '치킨과 잘 어울리는 빈티지 플레이트 & 맥주컵 세트' '치킨도 분위기 있게 글라스 플레이트 & 와인잔 세트' '더운 날도 문제 없는 보냉 최강 스테인리스 세트' 등 다양한

CHICNIC
- 치크닉 -

T.P.O(시간, 장소, 상황)에 맞는 테이블웨어를 함께 대여해 주는 전략이다. 물론 테이블웨어에 대한 대여비나 반환 절차는 다소 부담될 수 있지만 특별한 경험을 원하는 소비자들이 늘고 있는 만큼 수요는 적지 않으리라 생각한다.

🐣 레스토랑에서 방금 내놓은 것 같은 플레이팅, 어디서든 가능하다

앞서 제안한 아이디어는 치킨을 배달한다는 전제가 깔려 있다. 그런데 질주 본능을 가진 험난한 오토바이 배달 과정을 거치려면 손상되기 쉬운 플레이팅 소품 등을 담을 별도의 가방이 필요하다. 여러 개의 렌즈를 보관하는 카메라 가방을 상상하면 된다. 쿠션과 지지대가 있어서 내용물이 가방 안에서 움직이거나 손상되는 것을 막아준다. 테이블웨어 전용 가방에 구성품을 미리 세팅해두면 주문과 배달의 효율을 높일 수 있다.

여기에 누구나 따라서 세팅하고 스타일링 할 수 있도록 안내문을 동봉하거나 치킨집에서 운영하는 SNS에 치킨 푸드 스타일링의 예시 사진이나 영상을 게시한다. '치킨이 맛있어 보이는 사진 보정 필터' 같은 정보를 알려주는 것도 흥미를 유발할 수 있다. 소비자는 다양한 푸드 스타일링 예시를 보고 따라 하거나 자신의 취향과 개성을 살려 배송받은 재료로 새롭게 스타일링 할 수도 있다. 추가로

사진발 잘 받는 치킨이 온다

소비자들이 SNS에 사진을 업로드하면 상품을 주는 이벤트를 동시에 진행해도 좋다.

 대여해준 테이블웨어, 어떻게 수거할까

보통 치킨은 매장에서 배달원을 수배하여 고객에게 배달만 하면 끝이다. 하지만 테이블웨어 세트는 고객이 사용한 후 수거를 해야 하기에 기존에 없던 새로운 프로세스가 필요하다. 과거 중국집에서 짜장면을 시키면 하얀 중국집 그릇에 음식이 담겨서 배달되던 시절이 있었다. 다 먹은 짜장면 그릇을 잘 정리해 문 앞에 내놓으면 중국집 배달원이 그 그릇을 다시 수거해 갔다. 테이블웨어 세트를 주문한 사람에게도 이러한 방식을 도입하면 된다.

우선, 치킨과 테이블웨어 주문이 들어오면 테이블웨어 전용 백에 담아 배송한다. 고객은 사용 후 다시 테이블웨어를 전용 백에 담아 문 앞에 내놓고 치킨집에 수거를 요청한다. 물론 배송과 수거에 드는 배달비는 테이블웨어 서비스 비용에 포함되어 있다. 요청받은 배달원이 전용 백을 그대로 수거하여 가져오면 과정은 종료된다. 이러한 서비스는 테이블웨어의 손상 가능성이 높고 그 책임을 묻는 것도 난처하다. 이러한 리스크를 줄이기 위해 대여 보증금을 받는다거나 가급적 손상되지 않는 튼튼한 소재의 테이블웨어를 선정하고, 포장 시 본래의 상태를 사진으로 남겨 두는 등의 장치를 더 추가할 필요가 있다. 물론 좀더 손쉬운 방법으로 처음부터 수거할 필요가 없는 일회용 플레이팅 피크닉 팩을 판매하는 방법도 가능하다.

사진발 잘 받는 치킨은 분명 소비자에게 즐거운 경험이 될 것이다. 다만 식품업계에서 가장 중요한 것은 맛이라는 것을 잊지 말아야 한다. 맛이 시각적인 자극보다 우선되어야 하는 것은 너무나 당연한 일이다. 맛의 진정성과 맛을 증폭시켜줄 시각적인 즐거움 모두를 잡을 수 있는 치킨집이 탄생하기를 기대해본다.

특별한 날 먹는 치킨

우리는 특별한 날 케이크를 준비한다. 생일에, 결혼기념일에, 졸업에, 연인들의 기념일에, 이 밖에도 특별히 축하하는 자리엔 케이크가 빠지지 않는다. 그런데 꼭 케이크는 빵이어야만 할까. 빵이나 생크림을 별로 좋아하지 않는 어른들을 위해 떡으로 만든 떡케이크가 등장했듯이 치킨도 얼마든지 케이크의 역할을 해낼 수 있지 않을까? 이렇게 치킨에 대한 무한한 믿음에서 아이디어는 시작되었다. '특별한 날엔 케이크'라는 오래된 공식을 깨고, 케이크의 역할을 대신할 '특별한 날 먹는 치킨'을 만들어보자.

케이크 형태의 치킨박스 패키징

무엇이든 급진적으로 새로운 것에 도전하는 것을 두려워하는 사람들이 있다. 특이한 것도 좋지만 여전히 전통적인 케이크의 이미지를 머릿속에서 지우지 못하는 고객들에게 케이크 형태의 치킨 박스 패키징을 추천한다.

치킨박스 패키징 예상도

특별한 날 먹는 치킨

두툼한 종이로 원통의 벽을 만들어 그 안에 치킨을 쌓으면 치킨 케이크가 된다. 이때 주의할 것은 쌓아놓은 치킨이 눅눅해지지 않도록 종이 원통에 구멍을 뚫는 일이다. 특별히 제작한 이쑤시개형 초나 의미있는 글씨가 새겨진 토퍼까지 제공하면 더욱 완벽한 이색 케이크가 된다.

하지만 같은 하늘 아래 새로운 것은 없다고 했던가. 이 원고의 초안을 써놓고 출간을 준비하는 사이에 치킨 프랜차이즈 '바른치킨'에서 특별한 날 먹는 '치킨계잌'이 출시되었다. 케잌이 아닌 계잌이란다. 상상했던 것과 디테일은 조금 달랐지만 이제 치킨도 케이크의 역할을 할 수 있게 되었다. 그렇다면 우리는 이제 조금 더 특별한 치킨 케이크에 도전해 보자.

출처: 바른치킨 홈페이지

평소와 다른 치킨으로 특별함에 도전한다

최근에는 시중에서 누구나 살 수 있는 케이크 대신 세상에 하나밖에 없는 케이크를 만들어주는 비즈니스가 유행하고 있다. 온라인에서 '수제 케이크'나 '주문 제작 케이크'를 검색해보면 형형색색의 개성 넘치는 케이크들이 화면을 가득 채운다. 케이크 위에 나만의 문구나 그림을 그려서 제작해주는 '레터링 케이크', 식용 잉크로 실사 사진을 인쇄해 케이크 위에 올려주는 '포토 케이크' 등이 대표적이다. 물론 이런 수제 케이크들은 화려한 만큼 가격도 남다르다. 시중에서 쉽게 구할 수 있는 케이크의 2~3배가 넘는 비싼 가격에도 불구하고 사람들은 주문제작이라는 희소성에 가치를 부여한다.

치킨에도 수제 케이크와 같은 '희소성'의 가치를 부여해보자. 특별한 날에 대한 축하와 기념이라는 기분 좋은 의미를 담은 '희소성'이어야 한다. 수제 케이크 비즈니스 시장에서 몇 가지 아이디어를 가져와 치킨에 적용해 보았다.

주문 제작한 레터링 케이크

특별한 날 먹는 치킨

① 식용 잉크와 페이퍼를 활용한 포토 치킨

이미 베이킹 시장에서는 많이 활용되고 있는 방식이다. 캐논이나 엡손 같은 프린터 제조 브랜드에서 식용 프린트에 적합한 기기를 찾을 수 있다. 콩기름 등을 활용한 식용 잉크와 쌀 또는 감자를 원료로 한 식용 페이퍼는 해외 직구를 통해 다양한 브랜드의 제품 구매가 가능하다. 아쉽게도 국내에서는 아직 수요자 부족으로 식약처의 인증을 받아 정식 유통하는 제품은 없는 듯하다. 대부분 해외 직구를 중개하는 형태로 국내 다양한 쇼핑몰과 오픈마켓에서 판매 중이다.

케이크 위에 사진을 얹듯 고객이 원하는 특별한 사진을 받아 식용 페이퍼에 컬러로 인쇄한 후 닭 다리에 붙여준다. 너무 뜨거운 상태에서 페이퍼를 얹으면 퍼질 수 있으니 살짝 식힌 후에 작업하는 것이 좋다. 생일자의 얼굴이 잔뜩 인쇄된 닭 다리 치킨을 한번 상상해 보자. 선뜻 입에 넣는 것은 망설여질지 몰라도 생일이나 기념일에 특별한 경험을 원하는 소비자라면 관심 있어 할만한 선택지가 될 것이다.

생일자의 얼굴이 인쇄된 포토 치킨

② 레이저 각인기를 활용한 특별한 문구 서비스

네이처 앤 모어(nature and more)라는 네덜란드 유기농 식품회사는 레이저를 이용해 농산물의 표면에 상표와 가격을 표시하는 캠페인을 주도하고 있다. 포장지 없는 농산물을 위한 시도인데 레이저 각인의 퀄리티가 놀랄 만큼 훌륭하다.

물론 자영업자들이 이 정도 퀄리티를 내는 레이저 기계를 구비하는 것은 현실적으로 어렵다는 걸 안다. 하지만 기술의 발달로 저렴한 보급형 레이저 각인기의 퀄리티도 꽤 만족할 만한 수준이 되고 있다.

2020년 7월에 셀릭에서 와디즈에 런칭한 '레이저패커'의 경우도 50만 원대의 합리적인 가격을 제시했다. 레이저 각인기를 활용하면 치킨마다 고객이 원하는 특별한 문구를 넣어줄 수 있다. 대신 레이

농산물 레이저 각인 포장

출처 : 네이처 앤 모어

보급형 레이저 각인기 산출물

출처 : 레이저패커

저는 빛의 직진성 때문에 울퉁불퉁한 일반 튀김 표면에는 이미지가 새겨지지 않는다. 각인은 밋밋한 표면에 더 잘 새겨지므로 치킨너 겟처럼 매끈한 형태의 튀김 옷을 입히거나 튀김 옷을 입히지 않는 굽는 방식의 치킨에만 도입이 가능하겠다. 만약 생닭에도 레이저 각인이 가능하다면 레이저로 각인된 생닭에 튀김 옷을 입혀 튀겨내 고 포춘쿠키처럼 튀김 옷 속에 숨겨진 문구를 찾는 재미를 더할 수 있다.

 ## 치킨은 원래 특별한 날과 잘 어울린다

외식문화가 발달하면서 치킨을 먹는 횟수가 늘어났다고는 하지 만 여전히 치킨은 특별한 날에 더 많이 찾는 메뉴 중에 하나다. 아 이들 생일파티나 크리스마스 홈파티에 특히 빠지지 않는다. 기분 좋은 일이 있거나 축하할 일이 있거나 사람들이 많이 모이는 날엔 치킨만큼 호불호가 없는 메뉴가 없기 때문이다. 그동안 사람들은 특별한 날 자연스럽게 치킨을 주문해왔지만, 치킨을 특별하다고 생각하지 않았다. 그래서 특별함을 더해주는 케이크 따로, 치킨 따로 준비하는 경우가 더 많았다.

이제는 치킨이 케이크를 대신할 수 있다고 설득하는 작업이 필요하다. 예를 들어, 특별한 날에 할인 이벤트를 더하여 구매를 유도하면서 '생일파티엔 치킨이 빠질 수 없지' '크리스마스엔 치맥과 함께'와 같은 메시지나 이미지를 제작하여 소비자들에게 각인시키는 것이다.

이와 관련하여 재미있는 사례로 일본의 크리스마스 음식을 들 수 있다. 크리스마스에 우리나라 사람들은 보통 케이크를 준비한다. 하지만 일본은 크리스마스에 KFC 치킨을 준비한다. 1970년대부터 시작된 KFC의 마케팅이 문화처럼 자리 잡았기 때문이다. 이에 대해서는 여러 가지 설이 있다. 가장 많이 알려진 것은 일본의 KFC 1호점 점장이였던 '오오카와 다케시'가 미국에선 크리스마스에 치킨을 먹는다고 홍보했다는 이야기다. 물론 미국에서는 특별한 날에 보통 치킨이 아닌 칠면조를 먹는다. 크리스마스에 즐기는 특별한 음식이 없었던 일본 사람들은 치킨에 케이크 등을 묶어서 파는 KFC의 크리스마스 패키지에 열광했다. '크리스마스에는 치킨'이 일본의 크리스마스 문화로 굳어지면서 일본 KFC 연간 매출의 약 1/3이 크리

일본의 크리스마스 음식, 치킨

출처 : KFC Japan

스마스 패키지에서 나올 정도라고 한다.

　사람들은 희소성 있는 특별한 경험에 관심을 가진다. 우리의 치킨이 그들의 특별한 날에 특별한 경험을 선사하길 바란다.

노인을 위한 치킨은 없다.
아니, 있다! '케어치킨'

작년 통계청이 발표한 「2020 고령자 통계」에 따르면 2020년 기준 우리나라의 65세 이상 고령 인구는 812만 5,000명으로 전체 인구의 15.7%를 차지한다. 고령 인구는 계속해서 증가하여 2025년에는 전체 인구의 20.3%(1,051만 명), 2060년에는 43.9%(1,881만 명)가 될 것으로 추산되었다. 즉, 40년 뒤에는 인구의 절반 가까이가 노인으로 채워진다는 뜻이다. 통계청에 따르면 이러한 속도는 일본이 고령사회에 진입한 것보다 더 빠른 속도라고 한다.

점차 노인 인구가 증가하면서 노인과 관련한 실버산업 또한 계속해서 성장할 것으로 보인다. 실제로 실버세대를 위한 물품, 실버타운 등 관련 산업은 계속해서 주목받고 있다. 식품 산업도 마찬가지다. 2021년 5월 농림축산식품부는 노인을 위한 식품 개발과 시장 활성화를 위해 「고령친화산업 진흥법 시행령」을 개정하면서 범위에 식품을 추가했다. 또한 고령 친화 우수식품 지정제도를 운영하여 노인들이 안심하고 먹을 수 있는 인증 제품을 여러 기업이 생산할 수 있도록 도왔다. 우리나라의 식품 안전관리인증 기준인 HACCP 인증과 비슷하다고 생각하면 된다.

별도 지정제도를 운영할 만큼 노인들의 식단은 일반 식단과 차이가 크다. 개인의 건강 상태에 따라 다르겠지만 일반적으로 노인들의 식단은 탄수화물 비율이 젊은 연령보다 더 높다고 한다. 연령이 올라갈수록 총 열량 섭취량의 대부분이 탄수화물인 것이다. 보통 한 쪽에만 치우치면 좋은 게 없는 만큼, 노인은 무엇보다 단백질의 섭취가 필요하다. 일반 성인과 같이 체중 1kg당 0.8g의 단백질 섭취를 해야 하며, 이는 하루에 40~50g에 해당하는 양이다. 1일 권장량을 채우려면 단백질이 풍부한 생선, 콩류, 살코기 식품을 먹어야 한다. 그렇다. 이제 본론이 나온다. 필요한 단백질을 치킨이 채워줄 순 없을까? 맛도 챙기고 노인을 위한 영양도 챙길 수 있는 실버치킨이라면 가능할지도 모른다.

 ## 노인을 위한 치킨을 만드는 여정

치킨과 관련된 책이니까 기승전치킨이지만 솔직히 치킨보다는 죽을 즐기는 노인이 더 익숙하다고 생각할 수도 있다. 나이가 들면 치아가 약해져 딱딱한 외피가 있는 튀김 음식은 먹기 힘들기 때문이다. 즉 노인도 즐길 수 있는 치킨이 되려면 우선 튀김 부분을 해결해야 한다. 쉽게 먹을 수 있는 부드러운 치킨이어야 진정 노인을 위한 치킨이라고 할 수 있다. 일반적으로 치킨집에서는 밀가루와 다른 재료를 혼합한 치킨파우더를 사용한다. 하지만 우리는 부드러운 식감을 위해 밀가루가 아닌 전분가루를 사용한다.

튀김은 해결했어도 아직 또 하나 심사숙고해야 할 일이 남아있다. 치킨의 형태이다. 노인을 위한 치킨은 어떤 모습이어야 할까? 노인은 저작 운동이 어렵기 때문에 뜯는 힘이 더 필요한 뼈 치킨이 아닌 순살 치킨으로 제공한다. 노인 3명 중 1명은 삼킴 장애가 빈번하게 발생한다고 한다. 노화가 되면서 목의 근육량이 줄어들면서 음식을 잘 씹지 못하고 삼켜버리는 현상이 자주 발생하는 것이다. 이때 음식이 기도를 막을 가능성이 높아지므로 삼켜도 문제없을 정도의 크기로 만들어야 한다. 보통 알약의 크기가 2센치 내외이므로 치킨의 크기를 알약과 비슷하게 제공한다.

알약 크기의 부드러운 노인용 순살 치킨을 만들었다면, 소스도 따로 제작하여 진정한 노인 전용 메뉴로 만들어 보자. 노인의 30%가 구강건조증을 호소한다고 한다. 노화로 침 분비량이 줄어든 데다가 침 분비를 방해하는 약의 복용량까지 늘어나기 때문이다. 침 분비가 줄어들면 목이 잘 메고 음식을 삼키기 어려워진다. 침의 분비를 돕는 식품인 레몬과 식초를 첨가한 전용 소스를 개발하여 침 분비를 도와 치킨을 더 맛있게 먹을 수 있도록 한다. 이때 소스를 부먹과 찍먹으로 나눠서 선택권을 더 넓혀준다.

침 분비를 돕는 전용 소스를 활용한 치킨을 만들었다. 다음 과제는 많은 사람이 노인을 위한 치킨을 알고 즐길 수 있도록 하는 것이다.

노인을 위한 마케팅도 따로 있다

다른 치킨과 달리 네이밍에 신경써야 하는 부분이 있다. 노인들은 자신들이 '실버'라고 불리는 것에 대해서 거부감이 있다. 실버라는 단어는 결국 노(老)를 대변하는 단어이며 이 단어는 무기력, 노쇠, 질병 등 부정적 인식이 지배적이기 때문이다. 그래서 요즘에는 '시니어'라는 단어를 마케팅 용어로 사용한다. '시니어'란 특정 분야의 경험이 많은 사람을 의미한다.

식품업계도 마찬가지다. '노인용' '노인식'과 같은 부정적인 이미지를 연상시키는 단어 대신 '케어푸드'를 많이 활용한다. 우리도 일상적이지만 무언가 도움이 되는 느낌을 주는 '케어'라는 단어를 활용하여 '먹기 좋은 케어치킨'이라고 명명한다. 케어치킨이라는 단어를 통해 부정적인 이미지보다는 맛있게, 편하게 먹기 위해 만들어진 치킨이라는 점을 부각한다.

브랜딩은 끝났고 이제 홍보를 진행해야 한다. 케어치킨의 타겟은 보통 어디에 많이 있을까? 젊은 층과 달리 온라인 안에서 찾기는 어렵다. 그렇기에 평소에 많이 하는 인터넷, SNS 광고 보다는 다른 방법을 통해 홍보를 진행해야 한다. 바로 전통적인 광고 방식인 '전단' 배포이다. 케어치킨의 설명과 효능을 담은 전단을 만들어 노인복지관, 쉼터, 양로원에 배포한다. 전단에 사탕을 하나씩 부착하여 집에 가져갈 수 있게 유도하고, 자연스럽게 주문할 수 있도록 한다. 가족과 같이 사는 가구를 공략하기 위해 먹기 좋은 케어치킨으로 하여 누구나 먹어도 맛있다는 점을 강조한다. 노인'만' 먹는 치킨이 아니라 노인'도' 같이 즐길 수 있는 치킨으로 소구점을 잡는 것이다.

먹기 좋은 케어치킨을 통해 치킨은 노인이 먹기 어려운 음식이라는 생각을 타파한다. 브랜딩 또한 섬세하게 진행하여 케어푸드 시장에 성공적으로 안착할 수 있도록 진행한다. 케어치킨은 이제 할아버지, 할머니와도 같이 치킨을 먹고 즐길 수 있는 새로운 식문화를 만들어 줄 것이다. 젊어서 즐기는 이 치킨이 나중에 먹기 힘들어진다면 아쉬울 테니까.

케어치킨 전단 예시

어르신도 즐기는
먹기 좋은 케어치킨
온 가족이 안심하고 맛있게 즐겨요!

01 더 부드러운 튀김옷
전분가루를 사용하여
딱딱하지 않아요

02 한 입에 쏙! 들어가는 크기
작은 크기로 씹기 어렵지 않아요

03 전용 소스와 함께!
침 분비를 도와주는 소스

CHICKEN

8장

너는 내일부터
치킨
프랜차이즈
CEO

대기업 제안 ①
넷플릭스×치킨 요금제

평일 내내 바쁘게 일한 금요일 저녁, 퇴근 후 영화 보면서 먹는 치킨은 꿀맛이다. 액션이나 코미디 같은 킬링 타임용 영화를 보면서 치맥을 먹고 있노라면 '행복은 바로 이런 것인가' 싶다. 이렇듯 영화와 치킨은 누구도 부인할 수 없는 진리의 조합이다. 하지만 이런 진리에 가끔 균열이 일어나는 경우가 있다. 바로 치킨이 오는 시간과 영화를 보는 시간이 안 맞을 때다. 우리가 영화관에 가서 팝콘을 먹을 때를 생각해 보자. 팝콘과 콜라를 준비하고 영화관에 입장한다. 팝콘과 콜라는 제대로 영화 볼 준비를 하는 것이다. 집에서는 보통 치킨으로 대체한다. 그런데 이때 문제 상황이 생길 수 있다. 어떤 치킨을 먹을지 혹은 어떤 영화를 볼지 정하는데 시간이 걸리는 경우이다. 이 문제를 동시에 해결할 방법이 있다. 치킨과 영화를 각기 다른 플랫폼에서 정하는 게 아니라, 넷플릭스나 왓챠에서 치킨까지 주문하게 함으로써 해결하고자 한다.

치킨에 맞는 영화? 영화에 맞는 치킨?

치킨을 먹을 때 주로 어떤 영화를 보는가? 하나도 놓치지 않고 집중해서 봐야 하는 영화보다는 블록버스터나 코믹, 액션 등 가벼운 영화가 더 잘 어울린다. 보통 치킨을 먹으면서 함께 볼 영화를 선택하는 과정을 살펴보자.

실제로 구글에 '치킨 먹으면서 볼 영화'를 검색해보니 이미 같은 고민을 하는 사람들이 많았다. 추천해주는 영화들은 역시나 액션, 코미디 등 가벼운 영화가 대부분이었다. 때로는 '치킨'을 소재로 한 영화인, 〈집으로〉(닭백숙), 〈극한직업〉(갈비 통닭)을 추천하는 사람도 있었다. 어쨌든 사람들은 음식에 어울리는 영화를 보고 싶어도 딱 맞는

치킨 먹으면서 볼 영화를 선택하는 과정

> 금요일에 영화 보며
> 치킨 먹자고 정함
>
> 치킨 먹으면서 함께 볼 영화를 고민
>
> 치킨 주문함
>
> 넷플릭스에서
> 영화 뭐 볼지 계속 고민
>
> 치킨 도착했는데 영화를 못 정함
>
> 구글 검색하다가 코미디 액션인
> 극한직업을 찾게 됨
>
> 치킨은 벌써 1/3 먹었음
>
> 다음부턴 미리 영화를
> 정하고 싶다고 생각

*회색 배경은 불편함을 느끼는 시점

영화를 찾기는 어렵다. 만약 왓챠나 넷플릭스에서 치킨을 먹으며 같이 볼 영화를 추천 받고 치킨 주문까지 가능하다면 어떨까?

 치킨 따로 영화 따로가 아니라 한 번에 정하자

넷플릭스와 치킨 프랜차이즈가 제휴해서 넷플릭스×치킨 요금제를 출시할 수 있다. (넷플릭스 뿐만 아니라 왓챠나 통신사 IPTV와도 제휴할 수가 있으며 여기서는 넷플릭스와 제휴하기로 가정한다) 예를 들어 넷플릭스의 보편적인 1인 요금제가 9,500원이고 BBQ의 황금올리브가 18,000원이니 합은 27,500원이다. 이때 약 20% 할인(프로모션)이 들어가면 22,000원이다. 단돈 22,000원으로 넷플릭스에서 영화도 볼 수 있고 치킨도 시켜먹을 수 있게 되는 것이다. 물론 지속해서 할인해 주는 것은 치킨 프랜차이즈와 넷플릭스 모두 부담일 수 있다. 초기에 프로모션으로 하고 가입자 추이를 보면서 할인폭을 조정하는 전략을 취해 보자.

넷플릭스×치킨 요금제를 사용하면 하나의 앱에서 치킨도 주문하고 영화도 볼 수 있기 때문에 간편하고 시간도 절약할 수 있다. 기업 두 곳이 프로모션을 함께 진행한다면 비용 부담도 덜할 것이다.

현재	넷플릭스×치킨 요금제 사용 시 고객 여정 및 장점
금요일에 영화 보며 치킨 먹자고 정함	금요일에 영화 보며 치킨 먹자고 정함
치킨 먹으면서 함께 볼 영화를 고민	넷플릭스 추천 메뉴에서 치킨/영화 선택
치킨 주문함	치킨 주문함
넷플릭스에서 영화 뭐 볼지 계속 고민	영화 보면서 치킨 기다림
치킨 도착했는데 영화를 못 정함	치킨오면 먹으면서 영화 시청
구글 검색하다가 코미디 액션인 극한직업을 보게됨	시간 절약! 비용 절약! 치킨에 맞는 영화 시청!
치킨은 벌써 1/3 먹었음	
다음부턴 미리 영화를 정하고 싶다고 생각	

 치킨 프랜차이즈와 넷플릭스 제휴 가능할까?

2021년 4월 1일부터 왓챠와 CGV가 협업해서 CGV 왓챠관을 운영했다. 왓챠가 엄선한 작품들을 전국 14개 왓챠관에서 상영한 것이다. 메가박스는 BBQ와 업무 협약을 맺고 2021년 3월 17일부터 BBQ 메뉴 판매 및 딜리버리 서비스를 실시했다. 메가박스에서 직접 BBQ 메뉴를 주문하거나 배달앱을 통하면 팝콘과 함께 주문할

대기업 제안 ① 넷플릭스×치킨 요금제

수 있다. 고객에게 가치 있는 서비스를 제공하기 위해서는 고객의 행태와 니즈에 맞는 제휴가 필요하다. 이미 영화관과 OTT 서비스 (왓챠), 영화관과 치킨 프랜차이즈가 제휴하고 있는 사례를 보면 치킨 프랜차이즈와 넷플릭스가 제휴하는 것은 어려운 일이 아니다. CGV×왓챠 제휴가 주요 상영관인 용산, 목동 등 14개 상영관에서 먼저 시작했듯 넷플릭스×치킨 요금제도 강남 등 소비가 많은 일부 지역에서 시작하는 것이 좋다. 소비자 반응이나 수요를 확인한 후 확대하는 것이 안전하기 때문이다.

넷플릭스의 추천 역량 활용

단순하게 넷플릭스 앱에서 치킨 주문을 하는 것만으로는 고객을 유치하기가 힘들다. 영화 추천을 결합함으로써 넷플릭스와 치킨의 시너지를 더 낼 수 있어야 한다. 치킨을 먹으면서 어울릴만한 영화를 추천해주는 것이다. 먼저 치킨을 소재로 한 영화를 추천할 수 있다. 앞서 언급한 집으로(닭백숙), 극한직업(갈비 통닭) 외에도 줄리앤줄리아(크림소스 치킨 스테이크), 문라이트(남미식 닭고기 요리)가 있다. 치킨을 먹으면서 가볍게 볼 수 있는 액션 영화로 분노의 질주나 베이비 드라이버를 추천할 수 있다. 이 외에도 치킨 소재에 잔잔한 영화나 새로운 치킨 요리 영화 등 다양한 치킨 영화를 추천할 수도 있다. 언뜻 보면 안 어울릴 것 같은 조합이지만 고객을 배려한 디테일

앱에서 치킨 관련 영화 추천 예시

 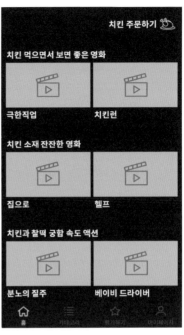

한 추천은 고객에게 재미있는 경험을 제공해 줄 수 있을 것이다. 넷
플릭스×치킨 요금제를 사용할 수 있기를 기대해 본다. 물론, 쿠팡
플레이×치킨 혹은 디즈니×치킨 요금제도 좋다!

대기업 제안 ① 넷플릭스×치킨 요금제

과몰입과 세계관의 전성시대, 다시 태어난 프라이드치킨

무엇이든 흥망성쇠 하기 마련이다. 그 대상은 국가가 될 수도 있고, 회사나 브랜드가 될 수도 있다. 치킨집도 예외가 아니다. 다양한 치킨 브랜드들이 뜨고 지고를 반복하고 있으며, 메뉴의 트렌드 또한 자주 바뀐다. 양념이 인기 있던 시기가 있었고, 간장치킨 전성시대를 지나 지금은 치즈가 접목된 치킨이 인기를 끌고 있다. BHC치킨의 경우 2020년 매출이 4,000억 원이 넘었는데, 그중에 뿌링클 등 치즈 가루가 버무려진 치킨이 매출의 절반 이상을 차지했다.

치킨 시장은 엄청난 레드오션이다. 그 안에서 치킨집들은 소비자의 선택을 받기 위해 새로운 신메뉴를 계속해서 개발하고 출시할 것이다. 이러한 경쟁 상황을 타파하기 위해 전혀 새로운, 반대의 전략을 제시하고자 한다. 바로 치킨의 왕중왕, '프라이드치킨'의 재탄생이다.

치킨에 과몰입과 세계관을 더하다

아무런 소스를 첨가하지 않은 기존 프라이드치킨 그대로 판매하면서 무슨 수로 재탄생시킨다는 걸까? 답은 '과몰입'이라는 요소를 활용한 리브랜딩이다. 과몰입은 깊이 파고들거나 빠지는 상태를 뜻한다. 영화, 애니메이션, 드라마, 예능, 아이돌 그룹 등 다양한 과몰입 대상이 있는데, 주로 세계관 설정이 뚜렷한 콘텐츠에 과몰입이 많이 일어난다.

대표적인 예로 마블 시리즈가 있다. 이 시리즈는 같은 세계관을 바탕으로 영화와 영화가 이어지거나, 다른 영화에서 나왔던 등장인물들이 한곳에 모이는(《어벤져스》) 등 기존의 영화 방정식을 깨뜨리며 전 세계적으로 인기다. 사람들은 영화 속 숨겨진 의미를 찾고 토론하기를 좋아하기 때문이다. 특히 무심코 지나친 장면에서 다른 영화의 흔적을 발견하면 적극적인 해석과 토론이 이루어진다.

이 과몰입은 특히 2021년을 장악했다. 대표적인 예로 빙그레의 '꽃게랑' 마케팅 전략이 있다. 꽃게랑은 1986년에 출시되어 30년이 넘도록 판매 중인 과자이다. 인지도 설문조사를 한 결과 40대 이상은 10명 중 7명이 꽃게랑을 알았지만 10, 20대의 경우 10명 중 3명만 꽃게랑을 알고 있다고 답했다. 이에 빙그레는 젊은 세대들을 공략하기 위해 '게르과자 인터내셔널'이라는 세계관을 구축하여 이슈를 끌었다.

꽃게랑은 사실 러시아의 국민 과자인 '끄랍칩스'이며 빙그레가 아닌 '게르과자 인터내셔널'이 만든 과자이고, 그곳의 CEO는 '게르 과자 마시코프'(배우 남궁민이 연기)라는 설정이다. 실제로 해당 회사의 홈페이지와 SNS까지 개설하여 소비자들의 과몰입을 도왔다. 젊은 세대들은 이 놀이터를 지나치지 않고 2차 창작물을 만들어내면서 놀이의 장으로 활용했다. 이에 젊은 1020세대의 인지도가 크게 늘었고 성공적인 리브랜딩 사례가 되었다.

동일한 전략을 써서 프라이드치킨을 새로운 치킨으로 리브랜딩 해보자. 우선 우리는 치킨의 왕이 한국에 상륙했다는 세계관을 바탕으로 한다. 그리고 꽃게랑이 끄랍칩스로 이름을 변경한 것처럼 프라이드치킨 역시 새롭게 명명한다. 현대의 프라이드치킨은 기원설이 다양하지만 스코틀랜드의 이민자가 미국으로 오면서 스코틀랜드의 닭튀김이 서아프리카의 요리 방식과 결합하며 탄생했다는 게 지배적이다. 이에 스코틀랜드 전통 언어인 게일어로 프라이드치킨이라는 뜻인 '케아크 프라이게스(Cearc Friogais)'로 새롭게 명명한다(한글 발음이 힘든 것이 포인트). 누가 봐도 프라이드치킨이지만 그 누구도 프라이드치킨이라고 말해서는 안 된다. 치킨의 왕인 '케아크 프라이게스'라고 말해야 한다. 그게 이 세계관의 법칙이다.

 ## 세계관을 설득력 있게 만드는 3가지

이제 이 세계관을 섬세하게 다듬어 젊은 세대들의 놀이터로 만들어야 한다. 그러기 위해 크게 3가지 전략을 가져간다. '가상의 기업 제작' '가상 기업을 홍보하기 위한 SNS 등의 수단 개설' '온/오프라인 굿즈 제작'이다.

첫 번째로, 분명 어딘가에 있을 법한 가상의 기업을 제작한다. 업체명과 로고뿐만 아니라, 할 수 있다면 홈페이지까지 준비한다. 그 다음으로는 이제 스토리를 담아야 한다. 스코틀랜드와 제휴를 맺고 가져온 메뉴처럼 보여야 하기 때문이다. 탄생 배경, 한국에 오게 된 경위 등 다양한 '설정'을 통해 해당 세계관에 힘을 부여한다. 누가 얼핏 보면 정말 세상에 존재하는 업체처럼 보여야 한다. 그러나 역설적으로 누가 봐도 실제가 아니라 가상의 세계관이구나 하는 느낌을 이중적으로 주어야 하므로, 유명인을 광고모델로 써서 회사의 고위직 인물로 묘사한다(빙그레의 꽃게랑 리브랜딩에서 배우 남궁민이 러시아 업체의 CEO를 맡은 것처럼).

스토리 설정을 통한 세계관 구축이 완료되었다. 두 번째로는 다양한 채널을 활용해 이 가상의 세계를 현실 세계에 녹인다. SNS나 메타버스 등 사람들이 많이 쓰는 플랫폼에 광고모델을 활용하여 가상 업체의 광고물 혹은 게시글을 올린다. 케아크 프라이게스를 홍보하는 듯하지만 프라이드치킨을 홍보하는 전략이다.

세 번째로, 어느 정도 인지도가 쌓이고 인기가 올라갔다면 굿즈를 활용한다. 이는 온라인상의 세계에서 실물 세계로 세계관을 확장하는 것이다. 마치 유재석의 부캐인 유산슬이 실제 앨범을 내고 판매하는 것이 그 예라고 할 수 있다. 이처럼 관련 굿즈를 제작하여 판매하는 것도 좋고, 굿즈를 소량 제작하고 셀럽들에게 제공하여 그들의 일상에 녹아들게 하는 것도 하나의 활용 방법이다. 굿즈를 대량생산하고 판매하기에는 큰 비용이 들 수도 있기 때문이다. 꽃게랑 또한 가상의 업체가 만든 굿즈를 셀럽들에게만 제공하여 실제 있는 굿즈처럼 느껴지게 마케팅했다.

과몰입과 세계관을 활용한 마케팅은 어설프게 해서는 안 된다. 소비자들이 뛰어놀 수 있게 치밀한 설정과 꾸준한 스토리 전개가 필요하다. 해리포터나 건담이 지금까지 사랑받는 이유는 무엇일까? 그들은 방대한 세계관을 구축하여 많은 이야깃거리를 남겨두었기 때문이다. 아직도 많은 사람에게 회자하며 2차, 3차 창작물이 계속 나오고 있다. 물론 영화, 애니메이션은 창작을 위한 세계관 구축이 필수적이라 그런 것일 수도 있겠지만, 치킨 브랜드라고 이야기를 만들 수 없는 건 아니다. 이번 마케팅을 시작으로 긴 호흡을 가지고 세계관을 확장하다 보면 사람들 사이에서 치킨을 통한 다양한 이야기가 샘솟을 것이며, 프라이드치킨이 다시 인기를 얻어 명실공히 치킨의 왕으로 우뚝 서지 않을까?

콜라보를 통해 일상 속으로 한 걸음 더

2019년, 밀가루 '곰표'의 상표권을 가지고 있는 대한제분이라는 회사가 의류 업계와 손잡고 패딩을 출시하여 화제가 되었다. 이후 MZ세대들을 중심으로 선풍적인 인기를 끌었고 2021년에는 맥주, 팝콘, 나초 등과 콜라보레이션(이하 콜라보)하여 계속해서 인기를 끌고 있다. 이후 많은 브랜드에서 고유의 사업 영역을 넘어서 다양한 형태로 합종연횡을 진행했다. 콜라보에 있어서 국경, 언어, 사업 영역을 뛰어넘게 된 것이다. 패션 브랜드인 필라(FILA)는 일본 애니메이션 기동전사 건담과 콜라보한 신발을 출시하기도 했다. 이러한 콜라보의 효과는 상당하다. 브랜드의 인지도 상승을 넘어서 브랜드 상표권 사용 등 매출에도 기여하기 때문이다.

이러한 콜라보의 효과는 비단 '오프라인+오프라인' 상품에만 국한되는 것이 아니다. 오프라인 상품과 온라인 상품이 만나기도 한다. 명품 브랜드 '구찌'는 메타버스로 주목받는 '제페토' 앱에 메타버스 온라인 상점을 선보였다. 또 다른 명품 브랜드 '마크제이콥스'는 일본의 유명 게임 '동물의 숲'에서 온라인 패션쇼를 개최하고 게임 속 의상을 배포하기도 했다.

'온라인+온라인' 상품도 콜라보가 가능하다. 게임회사인 데브시스터즈의 '쿠키런 킹덤'이 일본 게임회사 세가의 '소닉'과 콜라보하여 쿠키런 킹덤 게임에서 캐릭터 소닉을 만나볼 수 있었다.

치킨 브랜드 또한 다른 기업과 콜라보레이션을 진행한 적이 있다. '네네치킨'은 국내 게임제작사 스마일게이트의 '로스트아크'와 콜라보하여 로스트아크 전용 메뉴 판매 및 치킨을 주문해야만 응모가 가능한 이벤트와 게임 내 재화(아이템) 쿠폰을 제공했다. 이는 네네치킨에서 준비한 재료가 초저녁에 소진될 정도로 인기를 끌었다. 또 다른 기업과의 콜라보를 몇 가지 제안해본다.

🐣 무선이어폰 케이스로 재탄생되는 치킨 박스

기존에 획일화된 Bar형 스마트폰은 다양한 모양의 케이스로 본인의 개성을 표현할 수 있었다. 마찬가지로 무선이어폰 시장에서도 개성을 살릴 수 있는 케이스가 나오고 있다. 삼성전자의 무선이어폰 갤럭시 버즈2는 애플의 에어팟과 다르게 납작하고 넓은 형태를 가지고 있다. 그 때문에 상자 모양의 케이스가 많이 디자인되는 편이다. 실제로 '카페 노티드'

출처 : 삼성전자 홈페이지

라는 디저트 브랜드와 협업하여 도넛 케이스 모양의 무선이어폰 케이스를 만들기도 했다. 그렇다면 네모난 치킨 박스는 어떨까? 치킨 브랜드를 알리면서 이른바 펀슈머의 소비 형태에도 부합한다. 치킨 박스 속 치킨을 연상케 하도록 무선이어폰을 치킨 모양의 재질로 꾸밀 수 있는 스티커 또한 동봉한다. 케이스를 열면 닭 다리 2개가 들어 있는 재밌는 느낌을 줄 수 있다.

🐣 음식을 활용한 게임과의 제휴

이번에는 온라인 상품과 콜라보를 제안한다. 게임회사 데브시스터즈의 '쿠키런 킹덤'에는 수많은 쿠키가 주인공으로 나온다. 라즈베리 맛 쿠키처럼 실제 존재하는 맛의 쿠키뿐만 아니라 악마 맛, 바다요정 쿠키 등 다양한 형태의 캐릭터가 등장한다. 여기서 치킨 맛 쿠키는 가히 필연적이라고 할 수 있다. 두 업체가 제휴를 통해 그냥 치킨 맛 쿠키가 아닌 브랜드의 이름을 내세운 '○○치킨 맛' 쿠키

대기업 제안 ③ 콜라보를 통해 일상 속으로 한 걸음 더

라는 새로운 캐릭터를 기획한다.

또한 신규 캐릭터와 함께 새로운 스토리의 스테이지를 출시하고 이와 관련된 게임 재화 상품을 판매한다. '○○치킨 맛' 캐릭터를 더 강화하는 패키지 상품도 기획한다. 브랜드 콜라보 쿠키는 한정된 이벤트 제휴 기간에만 판매함으로써 희소성을 높여 소비자들의 구매를 유도한다. 또한 오프라인에서 콜라보 치킨을 시켜 먹으면 쿠키런 킹덤의 아이템을 지급한다. 이를 통해 두 상품이 시너지 효과를 내어 인지도와 매출 증가를 기대할 수 있다.

이렇게 '치킨+오프라인 상품'과 '치킨+온라인 상품' 조합으로 어떤 재미있는 콜라보를 할 수 있는지 제시해보았다. 콜라보 마케팅을 통해 젊은 세대들의 눈길을 사로잡고 치킨을 먹는 것을 넘어 다양한 방법으로 소비할 수 있다는 인식을 심어주자. 그렇게 범람하는 치킨 브랜드에서 앞서 나가는 것이다.

대기업 제안 ④

치킨, 주식(株式)이 되다

한국의 주식(主食)은 쌀밥이다. 2017년 시장조사 전문기업 트렌드모니터가 전국 만 19~59세 성인남녀 1,000명을 대상으로 우리가 주식으로 먹고 있는 '밥, 빵, 면'에 대한 설문 조사를 한 결과, 사람들은 평균적으로 열 번 식사할 때 6.1회 정도 밥을 먹을 먹는다고 한다. 2020년대 들어서 그 비중이 조금 낮아지고 있긴 하지만 여전히 한국인의 '밥' 사랑은 대단하다. 치킨 업계와 관련된 업체라면 한 번쯤 한국인의 주식이 '닭'이었으면 어떨까? 하고 꿈꿔봤을 것이다. 여기 그 꿈을 이룰 방법이 있다. 주식(主食)이 아닌 주식(株式)으로! 피식할 법한 재미있는 말장난과 함께 '치킨이 주식이 되는' 이벤트를 제안한다.

그에 앞서 요즘 주식(株式)의 인기에 대해서 알아보자. 재테크는 하나의 트렌드를 넘어 사회 현상으로 볼 정도가 되었다. 여러 재테크 방법 중에서도 주식 투자가 강세를 보인다. 금융투자협회에 따르면, 2020년 기준 주식거래 활동 계좌 수는 3,500만 개로, 2019년 대비 약 570만 개가 늘어났다고 한다. 이는 2017년부터 2019년까지의 3년간의 신규 계좌 개설 수(약 620만 개)와 버금간다. '주식에 투자하면 패가망신한다'라는 말은 이제 옛말이 되었다. 그렇다면 이제는 이벤트로 주식을 제공해도 반감을 품을 사람들이 적지 않을까?

치킨을 주문하면 주주가 된다!

주식을 선물로 주기 위해서는 먼저 증권사와의 협업이 필요하다. 주식은 일반적인 사이드 메뉴나 굿즈처럼 자체적으로 제작 가능한 이벤트 상품이 아니기 때문이다.

치킨 주문 → 쿠폰 수령 → 증권사앱 등록(가입) → 주식 1주 랜덤 수령

대략적인 이벤트의 진행 방식은 위와 같다. 치킨을 주문하면 실물 쿠폰을 지급한다. 이 실물 쿠폰의 코드를 협업한 증권사 앱에서 등록하면 종목을 무작위로 하여 1주씩 받게 된다. 본인인증을 통해

1인당 3회까지 총 3주를 받을 수 있도록 한다. 평균적으로 한국인은 성인 기준 1년에 치킨 20마리를 먹는다고 한다. 이 쿠폰을 얻기 위해 3번을 시켜 먹는다고 가정했을 때 연간 소비량의 15%를 차지할 수 있다. 또한 실물 쿠폰이기 때문에 4번 이상부터 얻은 쿠폰은 지인에게 전달하거나 중고장터에 판매할 수 있어서 인지도 상승에 이바지할 수 있다. 이 과정에서 기존에 있던 휴면계좌가 살아나거나 신규 계좌가 유치될 수 있으므로 증권사 입장에서도 좋은 이벤트이다.

입소문을 타고 이벤트 참가자가 늘어나면 이벤트 비용은 기하급수적으로 늘어날 수 있다. 하지만 이벤트 비용에는 한계, 즉 상한선이 있기 마련이다. 어떻게 이벤트 비용을 합리적으로 조율하여 소비자와 회사 모두 만족할 수 있을까?

 최소 비용으로 최대 효율 내는 이벤트 전략

종목	1주당 가격	고객 수	비용	전체 대비 분포
가	0.15	100,000	15,000	73%
나	0.75	30,000	22,500	22%
다	2.00	6,000	12,000	4%
라	10.00	1,000	10,000	1%
합계		137,000	59,500	100%

(단위: 만 원)

보통 회사에 따라서 1주에 1,000원가량인 주식이 있는가 하면 1,000,000원이 넘는 주식이 있다. 위와 같은 시뮬레이션을 통해 이벤트 비용 범위에 대해서 계산해 보았다. 주식의 범위는 1주당 1,500원부터 100,000원까지 차이를 두어 최소 주식 대비 60배 이상의 값어치를 지닌 주식도 받을 수 있다는 기대감을 준다. 실제로 1,500원이 아닌 주식을 받을 확률은 30% 정도이니, 적어도 3번에 1번은 그 이상의 주식을 받을 수 있다.

이렇듯 약 6억 원을 기준으로 잡았을 때 주식을 약 14만 주 배분할 수 있다. 억 단위의 이벤트 비용이 발생하지만 치킨 매출과 더불어 증권사도 신규 고객 확보 등 이익이 있으므로 일부 비용을 분담하여 이벤트를 진행한다. 이벤트 시 '4가지 종목의 1주당 가격'을 고지하되 확률은 게시하지 않는다. 일반적으로는 해당 확률을 유지하되, 이벤트 진행 추이에 따라 확률 등을 다소 조정하여 비용을 관리할 여지도 있다.

위에는 4가지 주식은 예로 든 것일 뿐, 더 필요하다면 그 수를 늘릴 수 있다. 주식을 고를 때는 가격에 맞춰 아무 회사의 주식을 사는 것보다 앞으로 성장 가능성이 큰 상장기업들을 조사하여 선정한다. 이벤트로 받은 주식이 금세 거래정지가 되거나 계속 하향하는 일은 없어야 하기 때문이다. 증권사의 도움을 받는 것도 좋다.

실물 쿠폰의 중요성도 크다. 무형의 주식을 유형의 물건으로 소유한다고 느끼도록 하는 목적도 있지만 앞서 말한 것처럼 2차 홍보를 위함도 있다. 또한 복권 형태로 긁으면 쿠폰 코드가 나오게 제작한다. 쿠폰 코드는 영어, 숫자 등으로 되어 있고 어떤 주식인지는 증권사 앱으로 들어가서 등록해야만 알 수 있게 된다. 부정행위를 방지함과 동시에 향후 당첨 확률을 조정해야 할 경우 실물 쿠폰을 재제작하지 않아도 되기 때문이다.

이렇게 '치킨, 주식이 되다' 이벤트는 소비자들에게는 이익이 되고 기억에 남을 것이다. 또한 치킨 업체에서도 단기간에 매출을 끌어올릴 방법이 될 것이다.

대기업 제안 ⑤
치킨에 대한 모든 정보가 있는 앱, 다나와 치킨

　가정용 컴퓨터가 보급되던 시절, 비교검색 사이트 '다나와'가 선풍적 인기를 끌었다. 그 이후 각종 포털 사이트에서도 비교검색을 지원하기 시작했다. 단순히 상품의 가격 비교를 넘어 그 영역은 콘텐츠로도 확장되었다. 검색 빈도, 과거 시청 이력 등 빅데이터 분석을 통해 추천 알고리즘을 구축하여 얼마나 소비자의 취향에 맞게 다음 콘텐츠를 추천 및 제공하는지가 화두다. 이렇게 고차원적인 알고리즘까지는 아니더라도, 브랜드별 치킨이 통합관리 되어 내가 먹을 '오늘의 치킨'을 골라주는 앱이 있다면 어떨까?

이상형 월드컵? 치킨 월드컵!

'이상형 월드컵'이란 게임을 아는가? 한때 이상형 후보를 놓고 토너먼트 형식으로 최후의 1명을 가리는 이 게임이 유행이었다. 이후 서로 다른 음식이나, 극단적인 두 상황 중 차악을 선택하는 등 이상형 월드컵의 확장판인 밸런스 게임이 TV 프로그램에 왕왕 등장했다.

이 게임을 치킨 선택 시 오락적인 요소로 집어넣고자 한다. 오늘 치킨이 먹고 싶긴 한데, 어떤 치킨을 시켜야 할지 고민이 된다면? 새로운 치킨을 먹어보고 싶은데 어떤 것이 있는지도 잘 모르겠고 찾아보기도 귀찮다면? 현재 배달앱에서 브랜드별 치킨을 한데 모아볼 수는 있지만, 소비자 스스로 먹을 치킨을 정한 뒤 주문하는 형태라 선택을 돕거나 재미를 더해주는 것은 아니다. 우리는 모든 브랜드를 통합하여 비교 후 치킨을 추천해주는 가칭 '다나와 치킨'이라는 앱의 개발을 제안하고자 한다.

먼저 앱에 접속하면 오늘 나의 컨디션과 욕구를 확인할 간단한 밸런스 게임을 시작한다.

질문 1. **기름에 튀긴 치킨** vs 오븐에 구운 치킨

질문 2. 크리스피한 형태의 튀김옷 vs **얇은 튀김옷**

질문 3. 후라이드 vs **양념**

질문 4. 매운 맛 vs **안 매운 맛**

질문 5. 간장 맛 vs **달콤한 맛**

질문 6. **새로운 모험** vs 익숙한 맛

위의 예시에서 굵은 글씨가 선택 결과라고 한다면, 내가 먹고 싶은 치킨은 '기름에 튀긴, 얇은 튀김옷의, 달콤하고도 새로운 치킨'이다. 앱에서는 브랜드별, 메뉴별 치킨의 특성을 구분해 놓은 빅데이터와 소비자의 기존 주문내역을 참고하여(질문 6에 해당) 치킨을 추천한다. 이를 위해서는 선행적으로 치킨의 특성이 정의된 후 분류되어 있어야 한다. 예를 들어, 교촌치킨의 레드 치킨은 '기름에 튀긴, 얇은 튀김옷, 양념, 매운맛'으로 정의할 수 있겠다. 간단하게 예를 들었지만, 특징을 좀더 세분화한다면 메뉴 추천의 정확도를 높일 수 있을 것이다.

추천이 끝나면 GPS를 기반으로 추천 치킨을 바로 주문할 수 있는 가장 가까운 지점과 연동시켜 준다. 다른 배달앱을 찾아 들어갈 필요 없이, 주문까지 바로 가능한 것이다. 이로써 다른 배달앱과 마찬가지로 수수료 수익을 창출할 수 있다. 다만 수수료율 등은 여기서는 논외로 한다.

 브랜드를 넘어 주간 인기 메뉴 제시

'다나와 치킨' 앱에서는 기본적인 추천 기능 외에 주간 베스트 메뉴를 확인할 수 있도록 한다. 문득 다른 사람은 무엇을 먹는지, 내가 모르는 맛있는 치킨이 있을지 궁금해하는 소비자를 위해 앱 내에서 주문 횟수로 뽑은 금주 인기 메뉴를 게시하는 것이다. 전국구 인기 메뉴도 확인할 수 있고, 우리 동네(반경 Xkm)로 한정 지을 수도 있다. 처음 가는 식당에서 종업원에게 메뉴를 추천해 달라고 하거나, SNS를 뒤져 자주 등장하는 메뉴를 시키는 것처럼 인기 메뉴를 확인하는 것은 고민을 덜어준다. 물론 각종 배달앱, 자사 앱, 전화 주문 등 다른 경로는 포함할 수 없다는 한계가 존재하지만, 소비자의 선호가 정규분포를 따른다는 가정이라면 큰 왜곡을 발생시키지는 않을 것이다.

하지만 인기 있는 치킨이라고 해서 다 맛있는 치킨은 아니다. 이를 확인하기 위해서 재주문율을 노출한다. 요즘 평점 테러로 인한 가게 주인의 어려움이 조명되고, 높은 평점을 강요하는 서비스 마케팅 등이 문제가 되면서 평점을 아예 드러내지 않는 사이트도 늘어가고 있다. 처음 주문할 때 평점이 중요한 지표인 것은 확실하지만 같은 음식이라도 사람마다 다르게 느낄 수 있는 만큼 주관적인 평점보다는 객관적인 재주문율을 지표로 선택했다. 그리고 재주문율이 높은 상위 10명의 텍스트 평가를 드러낸다. 고객이 평가를 남길 때는 장점과 단점을 구분하여 기재할 수 있도록 하는데, 활발한 평가를 위해 평가 작성 시 포인트를 제공한다.

대기업 제안 ⑤ 치킨에 대한 모든 정보가 있는 앱, 다나와 치킨

치킨 수다방의 탄생

앱은 흩어져 있던 치킨 마니아를 한데 모아, 치킨에 관한 다양한 정보와 평가가 오가는 커뮤니티의 역할도 할 수 있다. 본인에게 특별한 금전적 피드백이 없더라도 TMI(굳이 알려주지 않아도 될 정보)에 가까운 정보를 다른 사람에게 공유하거나, 좋은 상품을 오지랖 넓게 추천하는 사람들이 생각보다 꽤 많다. 실제로 수많은 정보공유 카페가 활발하게 운영되고 있지 않은가? '다나와 치킨'도 단순히 치킨 주문 앱에 그치지 않고, 국내 최고의 치킨 수다방이 되는 것이 최종 목표이다.

지역 특산물 활용한 '이달의 치킨'

지난 2021년 9월에 종영한 〈맛남의 광장〉은 2019년 12월 정규 프로그램 편성 이래, 전국 40여 곳을 방문해 지역 특산물을 소개하고 그 소비를 진작시키는 데 큰 공헌을 했다. 특히 농어민의 어려움에 공감하고, 폐기가 목전인 농수산물을 싼값에 직거래로 소비자에게 공급하여 '농가 살리기'라는 프로그램의 목적을 충분히 달성한 프로그램이었다.

SPC그룹의 경우 2020년 9월부터 '행복상생 프로젝트'의 일환으로, 코로나19로 어려움을 겪는 지역 농가를 돕기 위해 시와 특산물 수매 계약을 맺은 후 이를 활용한 신제품을 출시하고 있다. 평창 감자를 이용한 배스킨라빈스의 '미찐 감자', 파리바게트의 '감자빵' 등이 대표적이다. 이 신제품들은 선한 출시 의도에 맛까지 있어 좋은 반응을 얻었다.

치킨과 지역 특산물의 만남

이처럼 기존에 있던 음식도 특산물이 더해지면 꼭 먹어봐야 할 새로운 음식으로 재탄생한다. 치킨과 관련된 메뉴를 살펴보더라도 그 종류가 상당하다. 단양의 흑마늘을 더한 '흑마늘 닭강정', 원주 토토미(米)로 겉옷을 입힌 '토토미 닭강정', 과일소스에 대게살을 넣어 양념을 입힌 경주의 '대게 닭강정', 봉평 '메밀 닭강정' 등이 바로 그것이다.

지금까지 지역 특산물을 주재료로 한 음식은 그 지역에 방문해야만 먹을 수 있었다. 물론 몇몇 음식점은 전국으로 택배 발송을 한다. 그러나 조리된 음식을 다음날 택배로 받는다는 것이 아무래도 갓 조리한 음식과는 차이가 있을 테고, 당장 먹고 싶을 때 먹을 수 없는 시차도 발생한다. 혹은 백화점 식품매장에서 팝업 스토어(Pop-up store) 형태로 운영되는 것을 본 적이 있을 것이다. 본격적인 서울 진출 전에 맛보기 형태로 소비자 반응을 살피고, 인지도도 쌓을 수 있다는 게 장점이다. 하지만 이 역시 개별 브랜드가 각기 매장을 확보해야 한다는 현실적 어려움이 있고, 단시간 내에 접근성을 높이기에도 불가능하다.

지역 맛집을 집에서도 즐길 수 있는 '이달의 치킨'

조금 더 간단하면서도 접근성을 높이는 이런 방법은 어떨까? 샵인샵 형태로, 기존 치킨 브랜드에서 '이달의 치킨'이라는 한정 메뉴로 지역 닭강정을 판매하는 것이다. 제휴를 통해 레시피는 원조 그대로 하고, 정해진 기한 내에 판매하고 계약 종료 후에는 레시피를 폐기한다. 예를 들어 기존 브랜드 치킨에서 10~11월 한정으로 '단양 흑마늘 닭강정'을 판매하는 것이다. 재료도 재료지만, 지역명을 반드시 붙여 원조가 어느 지역이라는 것을 명확히 하면 해당 지역은 나름의 홍보 효과도 누릴 수 있다.

물론 이렇게 하면 레시피 유출 리스크와 지역 특산물의 의미가 퇴색되지 않겠느냐는 우려의 목소리도 있다. 레시피 유출 문제는 비밀 유지 계약을 통해 프랜차이즈 본점에서 생산하여 지금처럼 가맹점에 양념 공급을 한다면 어느 정도 예방할 수 있다. 그래도 불안하다면 양념은 원조 치킨집에서 만들어 공급하는 방식으로 한다. 그리고 애초에 닭강정을 먹자고 단양까지 가는 사람은 드물 것이다. 오히려 프랜차이즈를 통해 먼저 접한다면 단양에 방문했을 때 원조 닭강정과 맛을 비교하고자 하는 수요가 생길 것이다. 유명한 지역 닭강정인 속초 '만석 닭강정'만 해도 서울에 체인점이 여럿 있지만, 속초 여행 시 반드시 들를 곳으로 사시사철 관광객으로 북새통을 이룬다.

이렇게 단기 스팟성으로 지역 닭강정을 판매한다면 업체로서는 신메뉴 출시 압박에서 조금은 자유로워진다. 연구개발비도 거의 들어가지 않을 것이고, 혹여 소비자의 호응을 얻지 못해도 실패라는 오명을 혼자 쓰지 않아도 된다. 지역 특산물을 수매하여 농가를 돕는다는 착한 이미지는 덤이다.

🐣 신메뉴 개발, 지역 특산물로 더 쉽게

조금 더 나아가서 지역 닭강정 그대로를 소개하기보다는 SPC의 사례처럼 신메뉴를 만들 수도 있다. 새로운 소스를 개발하는 것은 무척 어려운 일이다. 특히 치킨 시장은 더 이상 새로운 맛이 있을까 싶을 정도로 포화상태이다. 무에서 유를 창조하는 것보다는 기존 메뉴에 재료를 더해 새로운 메뉴를 만들어 보자. 예전에 선풍적인 인기를 끌었던 파닭이나 마늘 통닭도 결국엔 원래 있던 맛에 재료를 첨가한 정도에 지나지 않았으니 말이다. 감자튀김 대신 충주 사과를 칩 형태로 넣는다거나, 고창 땅콩과 가평 잣을 가루 형태로 튀김옷에 첨가하고, 담양의 죽순, 풍기 인삼, 공주 알밤, 홍천 찰옥수수, 상주 곶감, 장흥 표고버섯 등을 이용한 신제품을 만들 수도 있겠다. 다만 치킨과 얼마나 조화로운 맛을 내느냐가 역시 관건이다. 직접 신메뉴를 만들어 반응이 좋으면 메뉴의 정규화도 가능하다.

원가 절감이 중요한 기업 입장에서는 수입산이 아닌 국산을 쓰는 것이 부담스러울 수 있다. 그러나 이 문제는 선매를 통해 어느 정도 해결할 수 있고, 특히 코로나로 수출이 막히거나 작황이 잘돼 공급 초과로 가격이 많이 내려간 농산물을 대량 구매함으로써 부담을 낮출 수 있다.

만약 지방자치 단체의 적극적 참여 의지가 있다면 지역에서 사용할 수 있는 상품권을 지원받아서 해당 지역 특산물 치킨 구매자에게 증정하는 방안도 검토할 수 있다. 단양 흑마늘 치킨 구매 시 단양 중앙시장에서 사용 가능한 5천 원짜리 상품권을 주는 것이다. 실제 방문까지 이어지지 않더라도 상품권을 보고 '다음 여행 때 한번 가볼까?'라는 생각하는 것만으로도 좋다. 훗날 정말 그 지역에 방문할 일이 생겨 시장 구경을 한다면 제일이다.

이처럼 '상생'의 의미를 살린 바른 먹거리를 고민해보는 것은 어떨까?

대기업 제안 ⑥ 지역 특산물 활용한 '이달의 치킨'

대기업 제안 ⑦

치킨 먹는 걸 공유하면
나도 할인 너도 할인

 친구 초대 마케팅

친구 초대 마케팅에 대해 한 번쯤은 들어본 적 있을 것이다. 대표적으로 널리 알려진 사례가 피라미드 영업이라 워낙 부정적 인식이 강하지만 사실 외국에서는 흔한 마케팅 방법 중 하나이다. 고객이 고객을 데리고 온다는 뜻의 MGM(Members Get Members) 마케팅은 기존 고객을 일종의 유통망으로 활용하여 신규 고객을 유치하는 것이다. 이는 마케팅 비용을 절감할 수 있으며, 기존 고객에게도 혜택을 주어 고객 충성도를 높일 수 있는 것이 특징이다.

보통 신규회원 유치 때 많이 활용하는데, 기존 고객이 보낸 가입 링크를 통해 신규회원이 가입할 경우 양쪽으로 적립금을 준다. 신규회원이 또 신규회원을 모집하면 줄줄이 라인을 타고 올라가 적립금을 주는 형태까지는 아니다. 1대에서만 혜택이 끊기는 형태로 심플하다. 혹은 초대 링크를 통해 가입한 신규회원이 며칠 이내 물건을 구매하거나 서비스를 이용하면 초대자와 신규회원에게 적립금을 주는 형태도 있다. 국내 식품 전문 온라인 쇼핑몰인 마켓컬리에서도 가입 시 추천인 아이디를 입력하면 첫 주문 후 양쪽에 적립금 5,000원을 준다. 받은 적립금을 그냥 소멸시키자니 아까워 재주문을 하게 되고, 그러다 보면 무료배송 조건을 채우기 위해 일정 금액 이상을 구매하게 되니 업체는 매출 증대 측면에서 이익이다.

치킨 구매도 MGM 마케팅

구매 시 양쪽에 적립금을 주는 이 두 번째 케이스를 치킨 주문에도 적용해보자. 나 A는 오늘 치킨이 먹고 싶다. 이때 주문하면서 B에게 치킨 주문 연동 링크를 보낸다. 받은 사람 B가 만일 일주일 내에 해당 링크를 통해 치킨을 주문할 경우, A와 B에게 다음 치킨 주문 시 사용 가능한 적립금을 2,000원씩 주는 것이다. A는 B의 주문 여부와 무관하게 오늘 치킨을 먹을 것이고, B가 기한 안에 먹으면 좋고 먹지 않아도 손해가 아니다. 약간의 번거로움만 감수한다면 손해 없이 이득만 존재하는 이 제안을 거절할 이유가 없다. 제안받는 B의 입장에서도 특정 브랜드만 고수하는 사람이 아니라면, 링크 수신 시 '이번엔 이거 한번 시켜 먹을까?'하고 한 번쯤 고려할 것이다. 거기에 적립금 혜택까지 더해진다면 주문 확률은 더 올라간다.

무한정 혜택을 제공하기엔 마케팅 비용 측면에서 부담스러우니 인당 초대 인원은 5명으로 한정한다. 물론 링크는 그 이상으로 뿌릴 수 있으나, 최대 적립 금액은 인당 10,000원으로 제한하여 한 명에게만 혜택이 집중되지 않게 한다. 되도록 많은 사람이 혜택을 받아야 광고효과가 높아지기 때문이다. 아니면 이벤트 기간 내에 적립금은 무한으로 하고 최다 적립금을 모은 사람을 1위부터 3위까지 시상하는 것도 단기간 내에 광고효과를 끌어올리는 방법일 수 있다. 이때 적립금은 사용기간을 제한하여 미사용 시 자연 소멸될 수 있도록 한다.

🐣 치킨 클랜을 제안한다

앞서 제안한 친구 초대 MGM이 전통적이고 평범한 방식이라면, 또 다른 아이디어로 '치킨 클랜'을 제안하고자 한다. '클래시 오브 클랜(COC)'이라는 모바일 게임을 포함, 요즘 대부분의 온라인 게임에는 클랜이 존재한다. 클랜(Clan)이란 동일한 목적을 가진 사람들이 모여 결성하는 공동체로 클랜원들은 서로 소통하며 물적 지원을 주고받기도 하고, 연합하여 다른 클랜과 대결을 하기도 한다.

여기서 착안한 '치킨 클랜'의 기본적인 룰은 다음과 같다. 클랜원은 10명 이내로 하고 클랜원의 주문 횟수를 누적으로 집계하여, 한

달에 일정 횟수 이상 주문 시 클랜원 전체에게 일정 금액의 적립금을 부여하는 것이다.

한달 누적 주문 건수	적립금
20회	2,000원
30회	4,000원
40회	6,000원

* 적립금의 액수는 예시이며, 적립금 대신에 쿠폰으로 대체할 수 도 있다.

개설자는 치킨 클랜원을 모집하여 하나의 클랜을 형성한다. 아는 사람들 내에서 구성할 수도 있고, 공개모집으로 전혀 모르는 타인들로 구성할 수도 있다. 클랜의 리더는 주문 횟수 인증을 통해 클랜원을 모집하는 것도 방법이다. 무임승차자의 탑승을 사전에 방지하고 더 많은 적립금을 얻을 확률이 높다. 게임에서 실력이 좋은 사람을 클랜원으로 모집하는 것처럼, 이 세계에서는 주문 횟수가 많은 사람이 고스펙자가 되는 셈이다. 서로의 이해관계가 맞는 사람들끼리 더 많은 혜택을 위해 형성한 클랜은 하나의 커뮤니티가 될 수도 있다.

금전적인 혜택을 제공하여 고객 스스로 참여하게끔 하는 것보다 구매 유도에 효과적인 마케팅이 있을까? 가장 쉬우면서도 확실한 방법일 것이다. 원래도 먹던 치킨, 기존 소비패턴을 유지하면서도 혜택까지 누릴 수 있다면 "why not?" 아닌가?

너는 내일부터 치킨집 사장이다

초판 1쇄 발행   2022년 10월 30일

지은이 | 편석준, 이상협, 강순천, 정서현, 이재경, 타키갤러리
발행인 | 홍경숙
발행처 | 위너스북

경영총괄 | 안경찬
기획편집 | 박혜민, 안미성
마케팅 | 박미애

출판등록 | 2008년 5월 2일 제2008-000221호
주소 | 서울 마포구 토정로 222, 201호(한국출판콘텐츠센터)
주문전화 | 02-325-8901
팩스 | 02-325-8902

표지 디자인 | 김종민
본문 디자인 | 김수미
지업사 | 한서지업
인쇄 | 영신문화사

ISBN   979-11-89352-58-5   (03320)